【文庫クセジュ】

拡大ヨーロッパ

ジャン＝ドミニック・ジュリアーニ著
本多力訳

白水社

目次

はじめに

二〇〇四年現在において、ヨーロッパの拡大は、欧州連合（EU）にとってきわめて重要な問題となっている。

第二次世界大戦後、五〇年間ソ連ブロックに所属していた国々が、はじめてEUの胸元に飛び込んできたのであり、しかもこの第五次拡大では、新規加盟国のうち数カ国が北大西洋条約機構（NATO）にも同時加盟することで明らかなように、戦略的にもきわめて重要である。アングロ・サクソン系の人びとは今回の拡大をとくにヨーロッパの「膨張」と呼んでみせる。

欧州共同体（EC）は第二次大戦後すぐに創設された。一九五〇年五月九日のロベール・シューマンの声明により始動し、一九五七年のローマ条約締結によって制度化されたものであり、その後も、EUとなり拡大を続けている。六カ国の創設国が抱いた初期の精神は現在も消え去ってはいない。それは、経済分野における欧州建設を基本として、いずれ政治的統合を担ってゆくというものである。

この第五次拡大は成功例として特記すべきものである。連帯と経済発展による大陸の平和的統合は、こんにちなお、世界的に見て比類のない経験であるからだ。二〇〇四年五月一日からEUは二五カ国となる。

この拡大は一〇カ国の加盟というその数の点からみて最大規模である。一九七三年に三カ国（デンマーク、アイルランド、英国）、一九八一年に一カ国（ギリシア）、一九八六年に二カ国（スペイン、ポルトガル）、一九九五年に三カ国（オーストリア、フィンランド、スウェーデン）と、先の拡大とは桁違いである。

今回の拡大は、その規模と政治的な次元の広がりを考えると成功であったと言うべきであろう。EUの諸機関により設定された厳しいルールが存在するゆえ、技術的には複雑な過程が必要であったが、それらは加盟候補国が着実に実行するうえで必要でもあった。歴史の長い尺度からみると、九年間の議論と交渉はたいしたものではない。しかしこの九年間は、欧州委員会や欧州理事会が節目ごとに目を光らせ、全加盟国が積極的に関与し、加盟を望む国々がそれぞれの程度に応じた改革を進めることを必要とした。このような改革には代償が必要であった。加盟候補国は社会的および政治的な困難に直面せざるを得ず、長期にわたる経済的困窮と、ほとんど選挙のたびごとの政権交代という代償を支払ってきたのである。

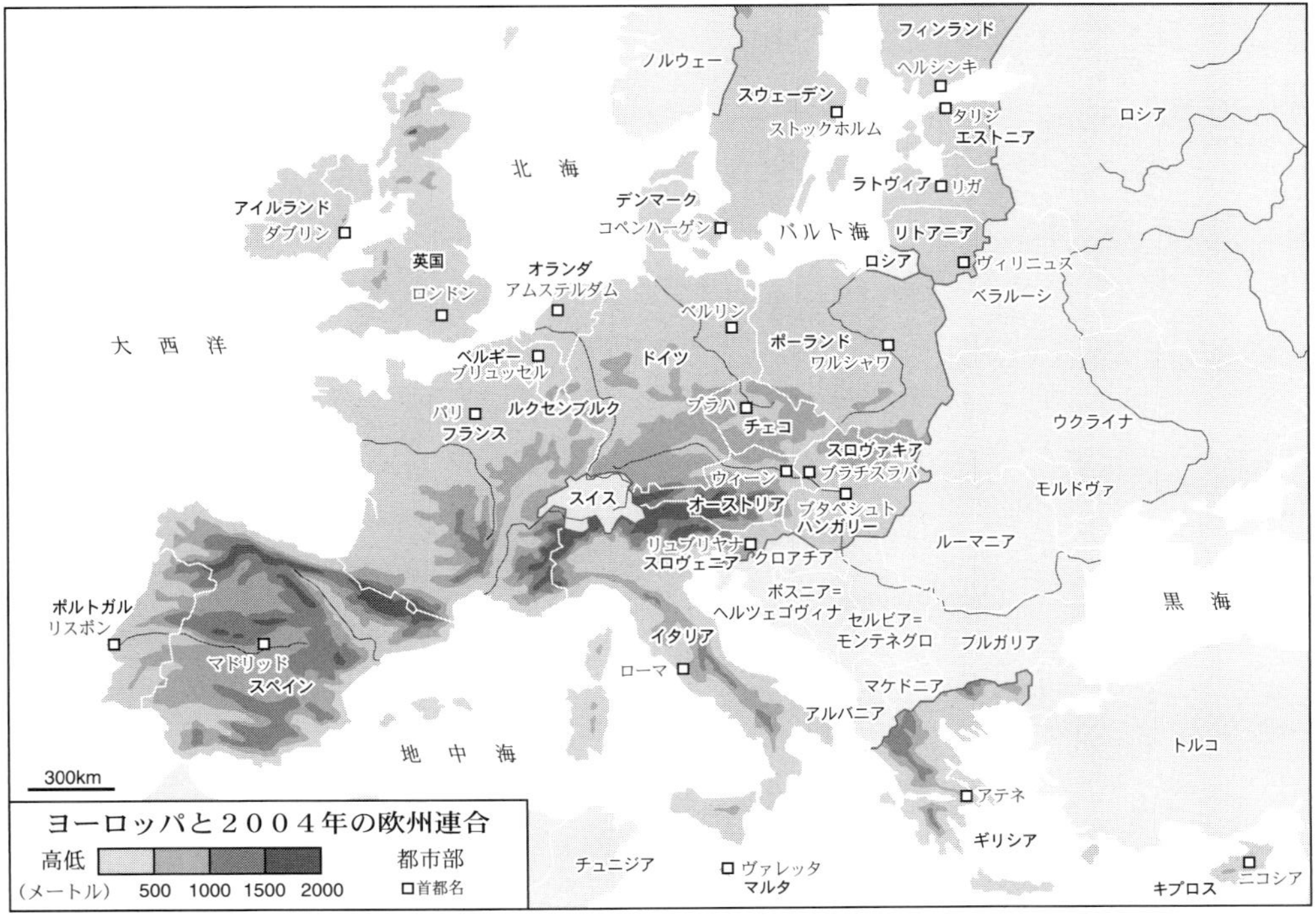
ヨーロッパと2004年の欧州連合
高低
（メートル）
500
1000
1500
2000
都市部
□首都名
300km
大西洋
北海
バルト海
地中海
黒海
アイルランド
ダブリン
英国
ロンドン
オランダ
アムステルダム
ベルギー
ブリュッセル
パリ
フランス
ルクセンブルク
ポルトガル
リスボン
マドリッド
スペイン
スイス
ドイツ
ベルリン
デンマーク
コペンハーゲン
ノルウェー
スウェーデン
ストックホルム
フィンランド
ヘルシンキ
タリン
エストニア
ラトヴィア
リガ
リトアニア
ヴィリニュス
ロシア
ベラルーシ
ポーランド
ワルシャワ
プラハ
チェコ
スロヴァキア
ウィーン
ブラチスラバ
オーストリア
ブダペシュト
ハンガリー
リュブリヤナ
スロヴェニア
クロアチア
ボスニア＝
ヘルツェゴヴィナ
セルビア＝
モンテネグロ
ルーマニア
ブルガリア
モルドヴァ
ウクライナ
ロシア
イタリア
ローマ
マケドニア
アルバニア
アテネ
ギリシア
トルコ
チュニジア
ヴァレッタ
マルタ
キプロス
ニコシア

以前の加盟はとくに問題を孕まなかった。新規加盟国の数はごく少数であったり、経済的社会的状態が既存加盟国の平均に近いものもあったからである。それに引き換え今回の拡大は、ヨーロッパ史上での一つの転換点となる二〇〇四年へとなだれ込んでいく熱狂が沸き起こるまで、当初においては試行錯誤と躊躇の対象でしかなかったのである。EUにとって第五次拡大という政治的な再統合の結果は、きわめて満足のゆくものなのである。

この政治的再統合は、安定性の保証、繁栄の条件、自由世界である「大陸の黄金の磁石」に加わりたいとの新たな願望をかきたてるようになってきている。

こうした歴史の加速はヨーロッパに問いを突きつけている。バルカン諸国から加盟の正式希望表明が出されている。クロアチアもマケドニアも、すでに公式な加盟申請を行なっている。ウクライナとモルドヴァもEU入りを渇望している。さらに、トルコは昔からヨーロッパと緊密な関係を維持しており、いまやEUへの正式加盟を希望している。二〇〇四年十二月十七日と十八日の欧州理事会にて二〇〇五年の末には一定の条件のもとで交渉を開始するという決定を得ている。ヨーロッパは、まったくはじめて地理的にヨーロッパ大陸に属しない一つの、しかも重要な国に対峙している。地中海周辺およびカフカス諸国にも同様の行動を呼び起こす可能性があるトルコの圧力を前に、ヨーロッパは対応策をめぐって内部で割れている。民主主義がイスラム教原理主義と対峙している現代において、トルコで多数派を占める宗教とは無関係ではありえない同国の加盟問題に、世論は強い関心をよせている。明らかにヨーロッパの拡大は欧州政治にとって中心的な課題となりつつある。そしてすでにいまから「休止」ということに表立って触れはじめられている。それにはどのような契機があったのか、どのような紆余曲折があったのか、どのような背景があったのか、その結果はどうであったのか、を知ることはいままでになく有用である。二十世紀におけるヨーロッパの真の意味で政治的成功、すなわち欧州の統合の将来は、この問題に対する解答に大きく依存している。

第一章　第五次拡大

一九九三年六月二十二日、ＥＵ一五カ国の政府首脳がコペンハーゲンに集合し、ＥＵを中東欧諸国に拡大することを決定した。ベルリンの壁の崩壊から何らかの結論を導きだす必要があった。道義的に言って、ヨーロッパは鉄のカーテンによって隔てられていた東側の国々に手を差し伸べざるをえなかった。大陸の分割に終止符を打つべきときが来たのである。それから九年後、一〇カ国についての加盟交渉が終了した。ハンガリー、ポーランド、チェコ、スロヴァキア、スロヴェニア、エストニア、ラトヴィア、リトアニア、キプロスおよびマルタである。

加盟手続きは迅速に進められた。拡大による収支勘定は現在ではよく知られている。

第五次拡大の重要日程

コペンハーゲンＥＵ首脳会議* 1993年6月22日	基本方針の決定と規則の定義づけ
ルクセンブルクＥＵ首脳会議 1997年12月12〜13日	加盟交渉のスタート（6カ国）
ヘルシンキＥＵ首脳会議 1999年12月10〜11日	加盟交渉の拡大（12カ国）
ニースＥＵ首脳会議 2000年12月7〜9日	拡大の「ロードマップ」
ラーケンＥＵ首脳会議 2001年12月14〜15日	10カ国に対し加盟決定
コペンハーゲンＥＵ首脳会議 2002年12月12〜13日	加盟交渉の完了
アテネＥＵ首脳会議 2003年4月16日	加盟条約の調印
2004年5月1日	10カ国が欧州連合に正式加盟
2004年6月10〜13日	25カ国による欧州議会直接選挙実施
2004年11月1日	新欧州委員会の発足（委員数は25人）

*ＥＵ首脳会議は欧州理事会の通称である（訳者注）

Ⅰ　加盟プロセス

1　加盟スケジュール

いわゆる「コペンハーゲン基準」は、EUに加盟を希望する国が尊重すべき原則を次のように明確に規定したものである。

――民主主義、法の優位、人権、マイノリティーの尊重と保護を保障する安定した制度を備えること。
――将来的に存続可能、かつEU域内市場の競争圧力や既存勢力に対抗できる市場経済を備えること。
――加盟国としての義務の遂行を可能にする制度を備えること。その義務とは、アキ・コミュノテール〔欧州共同体（EC）の基本条約に基づく権利と義務の総体〕の受け入れとその実施、欧州連合（EU）の政治・経済・通貨目的の承認。

――四番目の基準は、めったに述べられないのだが、コペンハーゲンでは次のような言葉で表現されている。「欧州統合の推進力を保持し、新たな加盟国を同化するEUとしての能力は、候補国とEUの全体の利益に応える重要な要素である」

欧州協定（連合協定）

対象国	調印	発効
トルコ	1963年9月	1964年12月
マルタ	1970年12月	1971年4月
キプロス	1972年12月	1973年6月
ハンガリー	1991年12月	1994年2月
ブルガリア	1993年3月	1995年2月
ルーマニア	1993年2月	1995年2月
チェコ	1993年10月	1995年2月
スロヴァキア	1993年10月	1995年2月
エストニア	1995年6月	1998年2月
ラトヴィア	1995年6月	1998年2月
リトアニア	1995年6月	1998年2月
スロヴェニア	1996年6月	1998年2月

コペンハーゲンから遡って、一九九〇年に、EUは財政支援計画である計画（ポーランドおよびハンガリー復興援助計画）を中東欧の国々にも拡大する意思を示していた。その後、加盟を目的とした支援協力の法的基礎が、当時はまだ欧州協定と呼ばれていた連合協定によって打ち立てられた。

これがEU加盟に向かうための第一歩である。一〇カ国との連合協定締結の時期は一九九一年から一九九六年までにおよぶ。EU側にとっては新たなパートナーとして受け入れたいという強力なジェスチャーであったし、新たなパートナー側にとってはヨーロッパに参加したいという意思表明でもあった。この連合協定を一九六三年に最初に締結した国はトルコであった。その後マルタ、キプロスが続いた。コペンハーゲンのEU首脳会議ののち、中欧諸国が

EUへの正式加盟申請日

トルコ	1987年4月14日
キプロス	1990年7月3日
マルタ	1990年7月16日
ハンガリー	1994年3月31日
ポーランド	1994年4月5日
ルーマニア	1995年6月22日
スロヴァキア	1995年6月27日
ラトヴィア	1995年10月13日
エストニア	1995年11月24日
リトアニア	1995年12月8日
ブルガリア	1995年12月14日
チェコ	1996年1月17日
スロヴェニア	1996年6月10日

EUへの正式の加盟申請手続きを開始した。

ルクセンブルクEU首脳会議は、拡大プロセスにおける歴史的な瞬間であった。一九九七年十二月、EU一五ヵ国は加盟交渉を六ヵ国と開始することを決定した。その六ヵ国は加盟基準の尊重の点で最も進展していると判断された国々であり、キプロス、エストニア、ハンガリー、ポーランド、チェコ、スロヴェニアであった。加盟交渉は一九九八年三月から開始された。これは進展度にそって進めるという原則に基づき、各国がそれぞれの進展リズムに合わせて欧州委員会との議論を進めていくものである。

六ヵ国が選択された結果、他の落選諸国は不公平感を抱いたり強い抗議を行なったりもしたが、選ばれるためには賢明に努力するしかないという態度に変化していった。落選諸国はそれ以後、国内改革を猛然と進め、EU一五カ国に対して第五次拡大に参加できるよう圧力をかけつづけた。その結果一九九九年十二月ヘルシンキのEU首脳会議では加盟プロセス対象国の拡張が決定された。新たな六カ国の候補国に対しても加盟交渉の道が開かれたのである。それがブルガリア、ラトヴィア、リトアニア、マルタ、ルーマニア、スロヴァキアの六カ国である。同時に、トルコを公式に加盟候補国として認定した加盟交渉はまだ開始されていなかったが、加盟交渉の加速はニースのEU首脳会議（二〇〇〇年十二月）の結果としてもたらされた。「ロードマップ」の設定に基づく戦略が、来たる二年間に処理すべき事項の期日を半期ごとに規定した。また、移行期間が必要な場合の扱いについても定められた。ラーケンにおけるEU首脳会議（二〇〇一年十二月）では「大規模拡大」のシナリオ案が提出された。すなわち、最も進展した一〇カ国を二〇〇四年にも同時加盟させるということである。目標は二〇〇四年六月に実施される欧州議会の選挙にそれらの国々を参加させることにあった。こうして拡大が真に政治的な意義を帯びるようになった。二〇〇二年十二月のコペンハーゲンEU首脳会議では加盟交渉が一〇カ国について終了したことが宣言され、加盟条約の調印と批准プロセスへの道が開かれた。ブルガリアとルーマニアに対しては加盟予定期日（二〇〇七年）が設定されることになった。

二〇〇二年以前は、欧州連合に加盟を希望する一〇カ国は「加盟候補国」と呼ばれていた。その後「加盟予定国」となり、加盟条約の調印から二〇〇四年五月まで、「アクティブ・オブザーバー」と呼ばれるのである。

二〇〇三年五月六日の、「教育・青年・文化」閣僚理事会から、一〇ヵ国の代表は大臣級の会合や理事会の作業の場で意見を述べることはできるが、投票権のないオブザーバーとして参加できることになった。新規諸国は二〇〇四年六月の欧州選挙の前に欧州議会に選出議員を送ることはできない。そこで、欧州議会は、加盟調印がなされるとすぐ一六二人のオブザーバーを招聘することにした。これらの新来者は、その四二パーセント（六九人の議員オブザーバー）が欧州人民党グループ、三六パーセント（五八人の議員オブザーバー）が欧州社会主義グループ、一八パーセント（一三人）が自由主義グループへの所属を選択し、二人が主権主義者グループ、一人が緑の党に迎えられた。一時的に、議員の数は六二六人から七八八人に増加した。これらの「準議員」たちは本会議に出席できるが発言権や投票権は与えられていない。欧州委員会においては、さまざまな作業グループにそれぞれ代表者を招聘することができることになった。

二〇〇三年初めからすでに拡大ＥＵのマシーンが起動しはじめたのだ。

新規諸国のＥＵへの統合を最初に承認したのは欧州委員会であり、その決議は二〇〇三年二月十七日に採択された。欧州議会では国ごとに加盟決議がなされた。欧州議会の外交委員会は二〇〇三年三月二十日に一〇ヵ国加盟の承認を与えた。欧州議会は二〇〇三年四月九日の本会議において、欧州議会議員エルマー・ブロック議員（外交委員長）の報告に基づき票決が行なわれ、賛成四五八票、反対六八票、棄権四一票で報告が採択された。一〇カ国すべてが審査を通過したが、いくつかの国は他国ほど支持を得ることができなかった。とくにチェコは賛成票が最少（四八九票）、反対票や棄権が最多であった（三九票と三七票）。この投票結果の原因は、一九四六年に公布され現在も依然として有効な、チェコスロヴァキア連邦からドイツ人の追放を決めたベネシュ大統領令（一九四六年、チェコスロヴァキア連邦がズデーテン地方のドイツ人追放を決めた決議）に対して欧州議員が悪感情を抱いていたことによるものであった。ハンガリー、ラトヴィア、スロヴェニアは五二二票という最多の賛成を獲得した。

2 加盟交渉

当初から、拡大プロセスは技術的に言って複雑なものであった。交渉はしたがってハードな議論を引き起こしたが、結果は満足すべきものであった。一九九七年にルクセンブルクにおいて、すべての加盟候補国が「アキ採択国家計画」を承諾するように求められた（「アキ」とは欧州共同体法の集大成でアキ・コミュノテールのことを言う。実質的には欧州連合加盟国が共有する権利および義務を指す）。その計画は、加盟に向けたパートナーシップの実施方法を定め、スケジュール、優先度、必要な人材と予算措置などを具体的に規定したものである。この計画は実際の進展度を考慮しながら定期的に見直された。候補国が国内法制化すべき「アキ」はEC公報で八万ページにのぼる。加盟交渉は候補国一二カ国にとって「アキ・コミュノテール」を構成する三一項目に基づいて行なわれることになる。

欧州委員会は、加盟交渉に入る前に、ルクセンブルクEU首脳会議の要求に従って「アキ・コミュノテール」の検討会を組織した。その目的は「アキ」の受け入れを促進するため項目ごと説明することにあり、また同時に、候補国に必要な組織が欠如しているゆえの実施上の困難さを推しはかるためのものでもあった。

EUは十月五日の総務理事会（(EU) 理事会の一つ。各国の閣僚級代表で構成されるので閣僚理事会とも呼ばれる）において、七項目（研究、電気通信、教育、文化、産業政策、中小企業、共通外交・安全保障）について交渉に入ることを決定するにいたった。それぞれの項目、それぞれの候補国ごとに、委員会は理事会に共通見解案を提出した。

候補国による達成度の審査は委員会から理事会への定期報告の対象であった。報告書ではEUとの関係の現状が記述され、EU首脳会議により規定された政治的経済的条件が尊重されているかどうかが検証された。そこでは候補国が条約や派生法、EUの政策に基づく「アキ」を受け入れ、実施する能力が検討され、共同体政策の名に値する政策を行なっていくのに必要な司法・行政能力に関する評価が示された。候補国の能力は何回にもわたり不充分であるとの判断が繰り返された。御墨付きをもらうためにこのプロセスの

加盟基準31項目

物品の自由移動	経済通貨同盟	地域政策
人の自由移動	統計	環境
サービスの自由移動	社会政策と雇用	消費者保護
資本の自由移動	エネルギー	司法と内務
会社法	産業政策	関税同盟
競争	中小企業	対外関係
農業	科学と研究開発	共通外交・安全保障
漁業	教育と職業訓練	財政管理
運輸	電気通信と情報技術	財政措置
税制	文化と放送	機構問題
		雑

はじめから多大な努力が傾注された。候補国は国内法の共同体法との調和に関する国家計画を策定しなければならず、そのために膨大な数の立法措置を必要とした。連合協定は四七〇にわたるEC法令に言及しており、その精神と内容は必ず国内法制化されるべきものである。まさに時間との競争が始まったのである。候補国の議会では、平均して、年に一〇〇本の法律を可決しなければならなかった。比較のため、参考としてフランスの例を挙げておこう。フランスでは平均して年に四四本の法律がとおっているだけである。財の自由移動、政府調達、保険、知的財産権などの重要分野では、新たな立法措置が必要とされた。憲法改正の手続きが必要となる場合も多々あった。全体的に見て、取られた法制調和措置は成功しているといえよう。「アキ」の受け入れを求め

るヨーロッパの圧力が、その国の内政との不一致が原因で袋小路に嵌った問題を解決に導くように貢献した場合も多い。もう一つの大きな作業は、ＥＵの手続きを行なうための行政機構の設置である。例として、農業直接補助の支払いと監督を行なう機関の設置や、構造基金の当該地域への配布である。司法機関も大きな変革の対象となっている。われわれの司法制度は理念的には似通っていると言っても、共同体法を適用すべき裁判所の適正を確立するには大変な努力を払う必要があったり、司法官の訓練養成には人的および財政的な投資がとくに必要であった。こうした適合化への取り組みはＥＣ／ＥＵ諸機関によって支援された。また既存加盟国は、いずれも加盟候補国への支援に各自関与した。この援助は「各国機関のあいだの姉妹協定」として具体化された。一種の入札手続きを経て、既存加盟国の一つが候補国の特定分野における構造改革に関するアドバイザーとなる。数にすると八二六件にもなる「姉妹協定」が結ばれた。そのうち一七〇件をドイツ、一二九件をフランス、一〇五件を英国が担当している。候補国で最も件数が多いのはポーランドで一六七件である。次に一〇二件のチェコ、そして九三件のハンガリーとなる。主要な支援分野は税制、関税および国内市場を含む公共財政（一六二件）、司法および内務（一四四件）、農業（一一三件）である。このプロセスは議会に加え、行政機構を総動員することになった。「アキ」の受け入れ計画にあたっては、行政官の必要員数が定期的に見直された。例として、ハンガリーでは、これらの義務を遂行するために二〇〇二年と二〇〇三年で七二九〇人の公務員を採用しなければならなかった。

　アキ・コミュノテールの三一項目の手続きが開始され、交渉され、決着をみた。交渉はすべての項目について完結したときに終了したと見なされる。各国それぞれ着実なペースで交渉が進んだ。レベルの異なる会合がいろいろと重ねられた。内閣の閣僚級の会合は三カ月ごとに、交渉担当責任者レベル（EC／EU大使級会合）では二カ月ごとである。これらの会合にさらに、実務担当者レベルの異なる作業グループがほとんど毎日のように専門的意見の交換を行なう会合が加わる。加盟候補国は、定期的に、かつ公式的に注意を促されつつ、自国の多くの規則を徹底的に見直すことになる。これを遂行することは少なくとも刺激的な作業であった。この交渉はすぐにきわめて専門的で複雑な展開に移行することになる。欧州委員会とその職員たちは、この作業遂行において主役を演じており、彼らは現地に乗り込み議論を延々とたたかわすこともある。既存加盟国間の個別の利益は、加盟交渉が政府間交渉であることによって堅持されている。既存加盟国は交渉においてとくに利害関係のある議題を提案することができる。それに対する対案は、欧州委員会によって検討評価される。

　候補国についていえば、この障害物競争のような試練はますます複雑なものとなっている。以前の拡大では、共同体は「アキ」の単純な法律上の受諾で満足していた。いまや、法律上だけではなく、実務上の「アキ」の受け入れの検証手続きに重点が置かれるようになっている。「アキ」の実施スケジュールを設定したうえでの移行措置が決定された。それらは期限を区切り、EUの政策やルールの修正をもたらしてはならない。これらの移行措置は、候補国からの要求（一九〇件）あるいは既存加盟国からの要求（二八件）によって取られたものである。候補国からの要求によるものは、共同体ルールを実施するためには莫大な投資が必要とされる分野に関するものである。汚水処理工場の建設（この場合、移行期間としては最長であり、二〇一五年まで設定）や石油備蓄設備建設などである。たとえば、ポーランドをEUの環境レベルに合わせるためには、四〇〇億ユーロが必要と試算され、加盟候補一〇カ国に対してEUが割り当てた支出の総額に相当する。また、加盟したことによってあまりにも迅速に土地の所有者が変わることを避けるために、新規加盟国において土地の売買を目的とした資本の自由移動に対して一時的に制限が加えられた。EU側の要求によるものとして、新規加盟国の労働者の自由移動や、産業財産権（工業所有権）の保護に対しても、暫定的な制限が設けられた。EU基準に合わせるという圧力は当該地域諸国の変化にあたって重要な役割を演じてきた。候補国がヨーロッパに向けた意気込みを証明しなければならないとしたら、過去数年間にこれらの諸国が成し遂げたことを見れば充分である。政治面においては、EUによって出された種々の課題に関して欧州委員会による個別の非難がなされ、EU加盟に向けた準備作業の影響に対する特定階層の不満に直面したりと、候補国の多くの政府が被った政権不安定化について想像可能なはずである。けっして忘れるべきではないのは、これらの国々のほとんどが、ソ連によって否定されていた主権を、一九九〇年代に取り戻したという事実である。これらの国々に課せられた最初の試練は、取り戻した権利の一部を犠牲にしなければならないということであった。しかし現に彼らはそれを実施した。それらの国々の国民および指導者たちが如何に勇気をもってそれを断行したか筆舌に尽くすことはできない。西側の世界に所属したいという彼らの長いあいだ抑圧され、ほとんど神話的な次元にあった願望は最大限に達していた。これら諸国の市民にとって、EUの拡大は、ヨーロッパへの回帰であったのである。政治的に言ってみれば、彼らはヨーロッパ政治を定義づけるという動きのなかに完全に参加するという道義的歴史的権利を実際に行使しているのである。しかしそうとはいえ、これら諸国がヨーロッパから期待しているものは、まずは、経済的な繁栄である。

加盟が効果的でしかも公正であるという評価をされるために、スペインやポルトガルの交渉のときがそうであったように数多くの譲歩が加盟予定国に認められた。九件の議定書と四四件の共同宣言、あるいは一方的な宣言が加盟条約のなかに盛り込まれた。これらの議定書のうち四件はリトアニアおよびスロヴァキアの原子力発電所の廃炉措置、カリーニングラードの出身者への通行証の発給条件、マルタにおける妊娠中絶の問題である。残りの五件は、マルタに対してセカンドハウス取得の制限維持の永久特例、キプロスにおける英国の二つの軍事基地（アクロティリとデケリア）、欧州投資銀行（EIB）の定款の変更、ポーランドとチェコの鉄鋼産業の再編に関するものである。四四の宣言は条約の付属書とされている。とくに重要なのは二五カ国によって調印された「唯一のヨーロッパ」宣言である。この宣言は欧州拡大プロセスの「連続的、包括的かつ不可逆的」という性格を喚起し、確認するためのものである。事態があまりに複雑を極めるようになったため、このような宣言が必要とされたのだ。

公式には、交渉はコペンハーゲンEU首脳会議で終了した。しかしながら、いくつかの候補国は加盟条約締結前にさまざまな宣言を条約と結び付けておきたいとの意向を明確に示した。ポーランドからは公共道徳に関する要請が提案された。その一方的宣言が規定していることは、どんなEU法令も、ポーランドが「人命の保護」について法律を制定する権利を侵すことはできないというものである。これに対して、既存一五カ国は、ポーランドの宣言が基本条約および加盟文書に由来する加盟国の義務に反する方向に解釈されてはならないという対抗宣言を発した。加盟交渉は打々発止の駆け引きであり、自国の利益を守ろうとしたり、時間稼ぎをしたり、あるいは必要な移行期間を認めてもらおうとするものである。こんな誇らしくもない内情は、しかし、ヨーロッパではまさに具体的な現実である。これはヨーロッパがこのように効果的に建設されてきた証しでもある。タブーとなる項目は存在しない。もし一国の関心事が全体的な均衡を破ることのない限り、どの国も満足のゆくまで意見を述べることができるのである。

（A）農業、漁業、狩猟——二〇〇二年十月二十四日〜二十五日、ブリュッセルEU首脳会談は中東欧の国々の農業従事者に対して直接補助を段階的に支払うことを定めた。この支払いは一一年間にまたがるスケジュールとなっている。二〇〇四年には二五パーセントしか受け取れず、二〇〇五年には三〇パーセントだけ、二〇〇六年に三五パーセント、二〇〇七年に四〇パーセント、それ以後毎年一〇パーセント増え、二〇一三年に一〇〇パーセントに達するというスケジュールである。このようにして共通農業政策（CAP）〔農業市場政策、農業構造政策、通商政策、農業社会政策から構成される、要は農民向け農業補助金への割り当て政策〕の予算の爆発的拡大を避けることができるし、農業経営体の長期的な再編を可能にするからである。

候補国は既存加盟国との平等な扱いを主張して、国家補助をEU補助に上積みすることを望んだ。欧州委員会は、農業補助金に欧州農村開発基金と国家財源を上積みする制度を提案した。この上積み分は二〇〇四年でEU満額水準の五五パーセント、二〇〇五年で六〇パーセント、二〇〇六年で六五パーセントにまで引き上げられる。所定年度に対して、この上積み分の二〇パーセントはこれらの国々に配分される欧州農村開発基金の予算から充当される。二〇〇七年以降は、新規加盟国がEU補助への上積み分三〇パーセントのすべてを国家財源で賄う。農業関連の項目の予算支出額は、EU分担金〔歳入予定額〕の一〇〇億ユーロに近づくことになる。さらに技術的であるとともに、より困難を伴う交渉は生産割り当て量に関するものである（牛乳、砂糖、異性化糖、じゃがいも、トマト、それに輸入品では、米とバナナ）。

ポーランドは、牛乳生産における相当量の削減を受け入れざるをえなかった。現在では、消費量は安定しており、交渉された牛乳の割当量によって、国内の生産と消費のバランスがとれるようになっている。消費が増大した場合、現在の生産余力によってそのギャップをかなり埋め合わせることができると考えられるが、増分はEUからの輸入でカバーすることを義務づけられる。政治的にきわめてデリケートなものと考えられている農業関連項目は、最後の最後まで交渉の対象であった。新規一〇カ国をCAPメカニズムのなかに含めるのは、その農業地域人口が膨大（ポーランド二〇パーセント、リトアニア一六パーセント、ラトヴィア一五パーセント）なこともあって、困難なものであった。

新たな原産地統制がヨーロッパの既存銘柄に加わった。ズブロッカ草入りウオッカは、さくらんぼのリキュールであるポリッシュシェリーと同様に、ポーランドの特産物である。ポーランドワインという銘柄も、ブドウ果汁と濃縮ブドウ液をベースにした醸造酒として承認された。このポーランドワインはポーランドでしか流通しないようになる。ハンガリーの伝統的飲みものパリンカは「スピリット」として認められた。一方、狩猟と漁業はエストニアとラトヴィアにおける関心事である。伝統的にラトヴィアの領海とされてきた海域での小型のバルト海ニシンの伝統的な漁業は、個人消費分に限り認められた。エストニアの山猫については、獲物の数をカウントするだけでよいことになった。狩猟は事実上認められたのである。

（B）**資本の自由移動**――資本の自由移動は欧州共同市場の根幹をなしている。すべての候補国は、外国資本に安く農業用地を買収されないための移行期間を一致して望んだ。ＥＵは彼らに七年の移行期間を与えた。この七年はさらに三年の延長が可能である。この規則はハンガリー、チェコ、スロヴァキアおよびバルト三国に適用される。ただし、ポーランドは一二年という特例措置を受けている。

（C）**構造基金**――構造基金〔先進地域と後進地域との経済的社会的格差を是正するために設置された非償還財政支援。地域政策運営の要。地域不均衡の是正を目的とする欧州地域開発基金（ＥＲＤＦ）、雇用促進の支援を行なう欧州社会基金（ＥＳＦ）、農業構造の近代化支援を行なう欧州農業指導保証基金（ＥＡＧＧＦ）、漁業の近代化のための支援を行なう漁業指導基金（ＦＩＦＧ）の四基金から構成される〕は、拡大関連支出の最大部分を占めることになる。分担金のうち二一七億五〇〇〇万ユーロである。いくつかの国々の特別な状況を考慮すべく、欧州理事会は構造基金の予算額の一部を「自由化」するという決定を行なった。その使用にあたって、欧州委員会によってあらかじめ承認された国家計画と、それぞれの国による資金分担が条件とされた。このやり方によって受益国は当該予算を自由に使うことができるようになった。ポーランドは一〇億ユーロ、チェコは一億ユーロの予算額である。マルタ第二の島ゴゾ島は島国のなかのさらなる島ということで二重のハンディキャップを負っており、独自の収入源も限られている。この島は特別な措置を受けており、今後とも地域援助の対象となろう。

（D）マルタの軍事的中立性——欧州連合の国々のなかで、軍事的に中立あるいは非同盟の国が四カ国（オーストリア、フィンランド、アイルランド、スウェーデン）ある。マルタはアイルランドのモデルに従って、共通外交・安全保障政策に参加するとしながらも、加盟条約の付属書の形で中立宣言を行なった。加盟国間の相互援助条項を規定したヨーロッパ・コンヴェンション（欧州協議会）の憲法草案の内容に照らしても異例である宣言に対し、多くの識者は驚きをかくせなかった。

（E）妊娠中絶——アイルランドのモデルに従って、妊娠中絶に関する議定書がマルタ加盟条約の付属書として付けられた。それは妊娠中絶を禁止するマルタの法律は、EUすべての条約のあらゆる措置によっても影響を受けないとした取り決めである。

（F）付加価値税（VAT）——EUは固有の財源をもっている。これは法定によるものであり、どんな国の決定によっても揺らぐことはない。この財源は各加盟国で徴収された付加価値税から拠出される。その税率と課税標準は欧州委員会と欧州理事会が決定する。数カ国がこの分野における特例措置を要請した。ハンガリーは加盟後一年間はガスと電気の使用量に関して低率の付加価値税を維持することが認められている。

ラトヴィアでは家庭用暖房の付加価値税が二〇〇四年十二月三十一日まで免除の対象となっている。マルタでは二〇〇九年十二月三十一日まで、食料品および医薬品に対する付加価値税が免除されている。ポーランドにおいては二〇〇七年末まで、建物改修工事についての税率が七パーセントに抑えられている。

（G）原子力エネルギー――ハンガリー、リトアニア、スロヴァキア、スロヴェニア、チェコは原子力エネルギーにかなりの電力を依存している。リトアニアとスロヴァキアは、ソ連の第一世代の原子炉を依然として保有しており、EUはその閉鎖を望んでいる。その廃止期日はすでに設定されており、補助金がEUから出されている。リトアニアのイグナリナ原発はこの国の電力量の八〇パーセントをまかなっており、二〇〇五年までに第一号炉を閉鎖し、二〇〇九年末までに第二号炉を閉鎖する予定である。リトアニアはそのために二〇〇四年から二〇〇六年までに二・八五億ユーロを受け取ることになっている。スロヴァキアには二カ所に原発がある。モホフチェとボフニチェである。モホフチェの二基の炉は今から二〇〇六年末までに閉鎖し、ボフニチェの原発は二〇〇八年までに閉鎖する約束になっている。

このためにスロヴァキアは九〇〇〇万ユーロを受け取ることになっている。チェコとオーストリアはチェコのテメリン原発に関して長いあいだ争いを続けている。二〇〇一年十一月二十九日に締結された通称「メルク」協定〔ウィーン近郊メルク修道院においてチェコ、オーストリア、欧州連合のあいだでテメリン原発の扱いについて会議が行なわれた。チェコはオーストリアに充分配慮して国内原子力発電所での高い安全性の確保に努力することを約束する一方、オーストリアはチェコの欧州連合加盟協議におけるエネルギー分野の交渉で協力することを約束した〕に記された交渉結果に従って、問題を解決することが約束された。この件について折衝交渉による調整を行なっている。条約の付属条項にこの事項が記されている。

（H）労働者の自由な移動――一部の加盟国、とくにドイツ、オーストリアは、新たな民主主義国からの移民労働者数の増加に対して懸念を表明していた。これらの国は自由な移動に対する制限をまず三年間設けることができた。その後は三年の延長、さらに二年の更新が可能とした。それぞれの更新時に際し、EU閣僚理事会で制限を廃止するかどうか決定されることになる。その後現在にいたるまで、ほとんどの既存加盟国が新規加盟一〇カ国の出身者には域外国に対する制度を適用している。

（I）カリーニングラード――セビーリャのEU首脳会議はカリーニングラードの飛び地〔実際にはロ

シアの「捕虜」と呼ぶべきだろう）とのあいだでの人と商品の移動の問題について検討を行なった。カリーニングラードは第二次世界大戦におけるロシアの戦利品であり、リトアニアとポーランドとの国境線に取り囲まれている。ロシアのウラジーミル・プーチンは、国境管理に関する新たなヨーロッパのルールの適用をおおいに問題視した。プーチンが言う「ヨーロッパの要塞」はいくつかの特例を受け入れた。ブリュッセルEU首脳会議は、ロシア市民の通行の便宜のための書類（簡易通行証FTD、列車用簡易通行証FRTD）の導入を受諾したのである。EUはまた同時に、シェンゲン協定の遵守にリトアニアが必要とする支出（一二〇〇万ユーロ）を負担することを約束した。カントの生まれた旧ケーニッヒスベルク（カリーニングラードは旧ケーニッヒスベルクである）の経済的および社会的状況からするとこれは必要な措置であった。交通の要所であるカリーニングラードは、ロシア軍の駐屯基地であり、兵器庫でもあり、きわめて注意深い配慮が必要であった。通行証（FTD／FRTD）は、二〇〇三年七月一日から有効に施行されている。この制度によってこれらの通行証の柔軟な発給手続きが保証されたのである。リトアニア領内を国境駅ケナからキバルタイまで通過する列車の安全性を高め、通過中には許可されない降車を避けるために、列車のなかでの効率的な検札も保証されている。よい交渉であったかどうかは細目で評価されるべきであろう。

(J)欧州経済領域(EEA)——加盟予定一〇ヵ国はEUに加盟すると、一九九四年に形成された欧州経済領域〔EEA〕にも自動的に加盟することになる。EEAにはEU既存加盟国一五ヵ国のほか、アイスランド、リヒテンシュタイン、ノルウェーが含まれている。これらの三ヵ国は共同体市場に自由にアクセスできる利便性を享受できるが、その対価として、EUの結束基金〔環境および欧州横断輸送インフラネットワークの分野において、共同体の経済的社会的結束を強化するための基金〕に拠出金を出さなければならない〔EEA協定一一五条〕。つまり、これら三ヵ国は一年に二・三億ユーロ、以前の一〇倍の金額を支払わなければならないことになった。この金額の九七パーセントはノルウェーによって支払われた。ノルウェーはこれまで中欧諸国の市場への自由なアクセスを享受してきたがために多額の対価を支払うことになったのである。

(K)セーフガード条項——加盟条約には三つのセーフガード条項が規定されている。実施期間は加盟日から最大三年、すなわち、二〇〇七年四月三十一日までである。

——一般経済セーフガード

この条項の狙いは、影響を受けやすい一部の分野や地域で、加盟によるマクロ経済やあまりにも過酷な競争の衝撃を緩和することを新規加盟国に求める措置である。既存加盟国側としては、あまりにも強烈な域内国間競争のゆがみを防止することができる（三七条）。

――域内市場セーフガード特別条項

この条項は、新規加盟国が「アキ」の受け入れや実効的な適用という義務に関して重大な違反を犯した場合に適用される。たとえば、衛生上のルールが実施されなかった場合は、新規加盟国で生産された商品の自由な流通を停止することができる（三八条）。

――司法および内務関連のセーフガード特別条項

新規加盟国が違反した場合、あるいは「重要な司法上の規範に関して重大な違反の差し迫ったリスク」がある場合、この条項により、民事上および刑事上の司法決定の相互認定の一時的な停止が可能である（三九条）。

この三つの条項に対して、委員会は、理事会のコントロールのもとにその措置、均衡性、実施条件の決定にあたる。一般条項の適用を請求する発議権は既存加盟国か、新規加盟国すなわち国家のみにある。特別条項の実施は委員会の要求による。

新規加盟国のうち六カ国が、これらの条項の適用範囲を懸念して、加盟条約に共同宣言を付している（二二号）。この付帯宣言は、これらの措置が加盟から生じる以外の義務を課することに使われてはならないと明記しており、委員会のあらゆる決定の前に当事国に意見が求められるべきであるという希望を表明したものである。

行政的・司法的に調整すべき大半の課題は解決しているが、成すべき努力はまだ多く残っている。加盟前の定期報告の最新版で二〇〇三年の十一月五日委員会は、一般的には満足視していることを新規加盟国に示し、二〇〇四年五月一日までに進歩が見られなければセーフガード条項を適用されうる分野があるとした。三九のとくに憂慮すべき分野が示された。それらは域内市場の運営上の欠陥や、新規加盟国に対するEUの基金の交付に関わる欠陥である。たとえば、ポーランドにおける獣医法制度、エストニアにおける労働法とくに男女の処遇の平等、チェコにおける道路輸送に関する社会福祉的な「アキ」などである。すべてこれらの課題に対して五月一日までに基準に達しなければ、委員会は欧州ルールの実施を保証させるため「あらゆる手段を行使する」権利を留保している。駆け引きと交渉は加盟前の期間の日常茶飯事であった。EUの実際的運営をまさにそこに見ることができる。「悪魔は細部に潜む」とドイツのことわざにあるが、EUは悪魔が潜む余地をいっさい残さないのである。

3 批准

EUへの新たな国々の加盟が、市民による民主的な投票なしに行なわれるわけにはいかない。依然として分割されているキプロスを除いて、加盟候補国は二〇〇三年のあいだに国民投票を実施している。

新規加盟国における加盟に関する国民投票（2003年）

国名	投票日	投票結果と投票率
マルタ	2003年3月8日	賛成：53.65%，91%
スロヴェニア	2003年3月23日	賛成：89.66%，55.37%
ハンガリー	2003年4月12日	賛成：83.76%，45.62%
リトアニア	2003年5月10〜11日	賛成：89.92%，65%
スロヴァキア	2003年5月16〜17日	賛成：92.4%，52.1%
ポーランド	2003年6月7〜8日	賛成：77.45%，58.85%
チェコ	2003年6月13〜14日	賛成：77.33%，55.21%
エストニア	2003年9月14日	賛成：67%，63%
ラトヴィア	2003年9月20日	賛成：67%，72.5%

憲法上の規定によってそれが義務づけられているのは、ラトヴィアとスロヴェニアのみである。マルタにおいては国民投票の結果は、法的には政府を拘束しない。マルタ、スロヴェニアおよびハンガリーの三カ国は有権者に加盟条約締結の前に賛同を求めている。これら三カ国の指導者たちは、この条約調印という歴史的な会合に間に合わせようと、「国民の合意」を手にしてアテネに赴いた。いくつかの国は二日間にまたがって国民投票を実施した。スロヴァキア、チェコ、ポーランドがその例である。さらにポーランドの憲法は五〇パーセント以上の投票率を成立要件としていた。

二〇〇三年四月十六日、加盟条約の調印式典がアテネで行なわれた。その儀式は、二五カ国の政府首脳、閣僚および交渉担当者がアクロポリスの丘のふもとに集い、厳粛にとり行なわれた。その儀式には他の加盟候補国やEEA圏（ノルウェー、アイスランド、リヒテンシュタイン）の代表や、スイス、ロシア、ウクライナ、モルドヴァなどの、全部で四一カ国の国家元首、さらに国連事務総長のコフィ・アナンまでも出席した。新たなEUの二〇の公用言語で記された四九〇〇ページにおよぶ条約は、加盟条件と条項さらに当面採択された移行措置を詳述している。

加盟国はテサロニキで調印された加盟条約の批准を、二〇〇三年六月から二〇〇四年二月までのあいだに済ました。交渉の裏の技術的詳細に目を奪われて、その重要な本質を忘れるべきではないだろう。とくに第二次世界大戦後のヨーロッパの分断をつねに拒否してきた人びとすべてにとって、大陸の再統合は偉大なニュースであり、本当の喜びでもある。身をもってそれを体験してきた人びとにとって再統合は真の希望であった。注意深い検討に値するテクニックにとどまらないところに、EUの真の道義的意義が存在するのである。

政治的な理由で決定された拡大は、複雑な細部にいたるまで首尾よく進められた。まさに成功であった。一九八八年の時点では、だれの脳裡にも浮かばなかったことであるが、この欧州機関に一〇カ国の新規加盟があり、そのうちの五カ国は旧共産圏からの加盟であり、他の三カ国は旧ソ連領に属していたのである。ヨーロッパのこの和解を目前にしたわれわれの歓喜に対して、水をさす理由はなにもない。

だが、この歓喜を完璧なものにするためには、拡大に係る膨大な費用や拡大EUの運営という問題を過小評価すべきではないだろう。

ヨーロッパの拡大の影響を危惧する者もいる。そして新参国という他者への恐れは、成長率の低下や増大する世界的な競争という状況のなかで、思いがけないところから沸き起こる可能性がある。

既存加盟国はうまく交渉を行なった。このヨーロッパの再統合は、物わかりがいい新規加盟国が過去の失われた時間をできるだけ早く取り戻そうとしていたために、最低限の費用で達成された。新規加盟国としても、旧西側からの万全の支援に満足できることだろう。政治的にも踏みこみ、技術的には耳を傾け、内政上の制約を配慮した潤沢な財政支援を行なうことにより、既存加盟国は最善の条件で新規加盟国を受け入れるという明確な意志を貫いた。その証拠は加盟条約のなかに示されている。

Ⅱ　拡大ＥＵの収支

ＥＵの第五次拡大のコストは、きわめて限られたものにとどまった。

新規加盟国に対するＥＵからの支援金と、新規加盟国が支払う分担金は、経済の実体的な利益に見合っている。新たな消費者の統合と、それがヨーロッパ経済にひらく展望は、新規加盟国の活力を考慮すると、きわめて肯定的なものである。

1　拡大のコスト

第二次世界大戦の終結後、ヨーロッパの復興のために、米国は寛大な支援を実施した。西欧の国々に対して一九四八年から五一年までマーシャルプランが実施され、現在のドルに換算して総額九七〇億ドル相当の資金、当時の国内総生産（GDP）の一・五パーセントが供給された。ヨーロッパ経済はそのおかげで急速に回復できた。

ドイツの再統一に要した費用は、すでに一九九〇年から九九年までのあいだに総額六〇〇〇億ユーロにのぼる。現在でも、旧東独諸州に毎年七五〇億ユーロの財政移転が行なわれている。

拡大のためのコストはそれらと比較するとずっと低い。EUが拡大に要したコストは一九九〇年から費やされた額と、二〇〇六年までに必要と想定される額を合わせて三二一億ユーロにすぎない。一九九〇年以来、EUは一九〇億ユーロの特別援助を、「PHARE計画」（加盟前でのポーランド・ハンガリー経済再建支援基金、その後援助対象は一二カ国へ拡大、欧州連合による中・東欧諸国への財政技術協力の加盟前の主要手段）、「ISPA計画」、加盟前構造政策制度（加盟申請国の環境と運輸の分野における投資に対しての財政支援）、「SAPARD計画」、農業近代化、農村開発加盟前支援措置（中東欧一〇カ国が、EU共通農業政策に関するアキ・コミュノテールを実施し、農業農村環境を構造的に改善することを支援〕として実施してきている。PHARE計画は移行諸国の国内経済を支援するもので、一九九〇年から二〇〇三年まで一二七・五億ユーロ支出されている。

一九九四年に、安定した民主的な制度の確立や、経済成長を支える新たなインフラ整備を促進し、地域協力を後押しすることを目的に、加盟前戦略計画が欧州理事会で採択された。アジェンダ二〇〇〇〔二〇〇〇年から二〇〇六年に向けての拡大の財政枠組みを示した行動計画が一九九九年に提示された〕は、環境および輸送分野の再編への資金援助を行ない、農村開発を促進するために、ISPA計画とSAPARD計画を立ち上げた。毎年一五億ユーロが二〇〇〇年から二〇〇三年のあいだに新興民主諸国のために注入されている。

フランスにとってこの出費は、一三年間〔一九九〇年から二〇〇三年〕でおおよそ、三八億ユーロで全期間を通じて国民一人当たり六三ユーロに相当する。

一九九〇年以降、フランス人は一人当たり、新たな民主諸国に対して毎年五ユーロに満たない出費で済ませている。これはたいした額ではない。

これに対して、新規加盟国の人びとにとってはどうであろうか。

生産を生みだし、競争に立ち向かう力のある経済を構築すること、競争に打ち勝つための新たな法令や効率的な行政、独立した司法、必要な公共投資を実行する地方公共団体を整備すること、それらは膨大な作業であり、格別の決意と国民の理解を必要とする。これらすべてを我が国では期待できそうもない。まだ成し遂げるべき多くの作業が残されているが、これら新規加盟国の経済は根本的な変貌を達成している。一九九一年に民営化が開始され、一九九九年まで継続された。これらの国々におけるＧＤＰのなかでの民間部門の割合は、ヨーロッパの平均値と同等レベルである。ハンガリーでは九〇パーセントに達する。農業の再編は困難な問題であったが、鳴りもの入りで進められ、とくに拡大七カ国（キプロス、エストニア、ハンガリー、マルタ、チェコ、スロヴァキア、スロヴェニア）については、現在の農業人口は労働力人口の一〇パーセント以下を切っている。いまや、拡大一〇カ国の労働人口の五〇パーセント以上がサービス業に従事しており、これら諸国の国内経済における生産性の向上や近代化の一つの証拠となっている。

また同時に、新規加盟国は貿易相手国の完全な方向転換を成し遂げている。ソ連の支配のもと、それぞれの国は専業化されており、共産圏の国々全体で必要な、ひいてはロシアで必要な物品を製造するように強制されていた。ソ連への完全な依存性は、ソ連が分業を通じてそれらの国々を支配することを可能にしていた。たとえば、バス（イカルス）はハンガリーで製造されていたし、光学レンズは東ドイツで、自動車はチェコかルーマニアで、軍隊に必要な爆薬や火薬はスロヴァキアで製造されていた。石油やガスの供給は厳しく統制されており、それらはつねにソ連から供給されていた。このような状況がここ数年のあいだに変化した。この急転換は深刻な不況をもたらし、国によっては、五〇パーセントにも達する生産の低下にみまわれたこともあった。

しかし、二〇〇〇年からは長期的な成長傾向が見られるようになってきた。現在、新規一〇カ国の経済成長率は平均して一四から一六パーセントのあいだである。インフレ率はおおむね一〇パーセント以下の水準を保っている。財政赤字はGDPの五パーセント程度、政府債務残高はGDPの六〇パーセント以下であり、対外負債は管理可能な範囲にある。

年間の一人当たりのGDP（購買力平価で換算）は、平均で一万三四二〇ユーロである。明らかにEUの値（二万四四五〇ユーロ）とくらべて小さい。しかし、いままでのEUの国々の成長率を二・五パーセントと仮定して、新規加盟国の現在の大きな成長率（四パーセントから六パーセント）を考慮すれば、順調な国は、二〇一五年から二〇年に、そうでない国でも二〇二〇年から二五年のあいだに、EUの生活水準に追いつくことができるはずである。もっと前倒しになることすら考えられる。

二〇〇二年の十二月十三日の交渉完了期限まで、予算問題が中心的な課題を占めていた。コペンハーゲンEU首脳会議で採択された最終予算は四〇八・五億ユーロである。

拡大に関する財政枠組み問題は、一九九八年の三月の加盟交渉のスタート時からの懸案事項であった。最初のEUの予算の方針が出されたのが一九九九年の三月である。ベルリンEU首脳会議は二〇〇〇

予算枠提案の比較表

分担金（億ユーロ）	2004年	2005年	2006年	合計
ベルリンの上限（1999年）	116.10	42.00	167.80	425.90
2002年1月30日	115.63	137.35	161.26	414.24
ブリュッセル（2002年10月）	110.56	130.54	151.87	392.97
コペンハーゲン（2002年12月）	111.99	138.14	158.39	408.52

年から二〇〇六年までの財政枠組みを示すことを重要課題とした（アジェンダ二〇〇〇と呼ばれている）。これは、拡大に係る費用を具体的に算出し、予算の上限値を設定する好機となった。二〇〇〇年にさらに六カ国との交渉が開始されたことは、すべての推算を覆すことになってしまった。そして、欧州委員会は二〇〇二年一月早々に新たな交渉のベースとなる予算を示し、激しい議論を引き起こした。

当初予定の二〇〇二年ではなく、二〇〇四年に拡大実施、さらに六カ国ではなく新規一〇カ国に関わるという観点から、欧州委員会は当初の支出上限を超えない範囲内で「ベルリンのシナリオ」を修正した。委員会は追加予算の組み入れを提案した。それらは農業（直接補助の拡大と農村開発）、構造援助（これらの基金総額の底上げの加速）および補償（予算上の便宜、原子力安全、行政能力の強化）関連である。

二〇〇二年十月二十四～二十五日のブリュッセルEU首脳会議では、拡大のための分担金を三九三億ユーロに設定することを決定した。ベルリンで決められた額より三三億ユーロ少ない。また、構造基金の上限を当初予定の二五五億ユーロではなく二三〇億ユーロとした。この減額については、これらの基金を利用する新規加盟国の行政上の問題ゆえの力不足という説明で正当化された。

これらの新規加盟国はそれに対して強く反発し、彼らの強固な要求を突きつけた。彼らは既存加盟国に対してかつてない一致団結をして不賛成の意を強く表明した。

緊張は明らかであり、それはEU首脳会議の終わりでは頂点に達した。既存加盟国は最終的に折れて提案を修正することにした。以下がその打開案である。

――加盟直後から支払われなければならない分担金を軽減するため、または各国予算を緩和するために「国庫ファシリティ」を払い込むこと。二〇〇四年に純額で一〇億ユーロの財政移転が行なわれ、各国のGDPに比例配分される。

――二〇〇五年と二〇〇六年の二回にわけて、三億ユーロの「国庫ファシリティ」の一括増額分をポーランドをのぞいた九カ国に配分する。

――二〇〇五年と二〇〇六年の「国庫ファシリティ」の特別増額として、ポーランドに一〇億ユーロ、チェコに一億ユーロを配分し、両国の構造基金枠から差し引く。

――新規加盟国が実施すべきEUの域外国境の管理強化を目的とした「シェンゲン融資」を増額する（八・五八一億ユーロ）。

――リトアニアとスロヴァキアの原子力発電所の安全性確保のための融資を増額する（二・二七億ユーロ）。

――四カ国（キプロス、マルタ、チェコ、スロヴェニア）への財政補償の増額。これら四カ国の分担金が拡大によって見返りを上回ることに対する措置である（九・八七億ユーロ）。

――一〇カ国に供与される「国庫支援」。これら諸国が支払う分担金は、公式の加盟日である五月一日から八カ月分として計算されるのに対し、これら諸国に対して二〇〇四年度一二カ月分の支出に相当する金額（一六億ユーロ）が供与されている。

とくにポーランドの圧力によって、対価なしの純額ベースの財政移転は増額されたが、構造基金などに関わる実際の節約分が担保にされた。

コペンハーゲン協定に従うと、加盟前計画であるPHARE計画、ISPA計画、SAPARD計画を二〇〇三年から引き継いだ歳入は、総額四〇〇・八五億ユーロに達し（この三つの計画の残額分は二〇〇六年度までの支出に充当可能）、歳出は二五一・四二億ユーロとなる。新規一〇カ国は二〇〇四年から六年までに実際には二七八億ユーロを受け取ることになる。

拡大の純コストを産出するためには、新規加盟国による分担金額を差し引かねばならない。これらの諸国は、二〇〇四年五月一日の加盟直後からEU予算を分担するように求められており、三年間で総額一四七億ユーロにおよぶ分担金を払い込まなければならない。したがって、二〇〇四年、二〇〇五年、二〇〇六年の三年間の拡大の純コストは一三一億ユーロとなる。これはそれほど大きな額ではない。適度な額といえよう。

フランスはEU予算に対して一八パーセントの貢献をしており（ドイツにつぐ二番目の拠出国である）、三年間で二六・七五億ユーロの貢献であり、一人当たり一年で一四・八ユーロである。EUに対するフランスの貢献は一年に一人当たりわずか二〇ユーロ以下である。フランス人一人当たりが（所得税と付加価値税として）一年間に徴収される国税額二八七〇ユーロと比較してみるべきである。

拡大EUの最初の予算（二〇〇四年）においては、加盟の影響はほとんど感じ取ることができない。予算増加率は二〇〇三年にくらべてたった三・三パーセントにすぎない。

ハンガリーとチェコとポーランドは、コペンハーゲン首脳会議で決定された支払い総額のほぼ七五パーセントを受け取る。なかでもポーランドは、交渉での圧倒的な勝者となっている。ポーランドは新規加盟国へ割り当てられた予算の四八・六パーセントを受け取ることになる。それは三年でおよそ七〇億ユーロに相当し、ポーランド国家予算の七パーセントと同等である。分担金額に対して二〇〇六パーセントの払い戻し率となるので、ポーランドは受領する額の半分しか支払っていない。二〇〇四年度だけで一五億ユーロの入超となる。

バルト三国もEUの最後の譲歩から大きな恩恵を受けている。ポーランドと同じく、この三カ国だけが分担金額より受領金額が多い。そのうえ、分担金額に対する払い戻し率は実に三〇〇パーセントを超えている。

これら三カ国は関連予算の一三・三パーセントを受領する。リトアニアとラトヴィアはコペンハーゲンEU首脳会議の「パッケージ」〔協定の全条項〕の三番目と四番目の受益国である。

コペンハーゲンEU首脳会議で設定された予算配分は、以下のとおりである。

歳出費目（二〇〇四年～六年）	合計総額（億ユーロ）
農業	八二・五四
構造援助	八九・五四
内務	二八・七六
行政	一六・七三
補償	三三・八五
歳出総額	二五一・四二

この予算で最大の比重を占める二つの費目は、農業および地域〔構造援助〕基金であり、EU予算で

最も重要な二つの分野に対応している。

（A）農業分野――これは二つの部分に分けられる。農村開発と農家に対する援助（共通農業政策、CAP）である。これらの分野に対する予算総額は八二・五億ユーロに達する。

（B）構造基金――構造基金は地域格差を縮小するために、富の水準がヨーロッパの平均値の七五パーセント以下しかない地域の設備投資を第一の対象とする。一九九九年のベルリンEU首脳会議では、構造支援額の上限を各国のGDPの四パーセントと決定している。加盟候補国が消化できる最大の能力がこのくらいであると考えられているからである。二〇〇六年での新規一〇カ国への構造援助額は、これらの諸国のGDP総額の二・五パーセントにも満たない。これらの諸国は、スペイン、ギリシアおよびポルトガルが加盟当時に受け取った額と比較して、一人当たり明らかに低い額の給付しか受け取れないことになる。それを消化する能力は、彼らの行政機関の能力と組織のありかたに依る。この件については、まだ述べるべきことはたくさんある。加盟前基金であるISPAは、加盟予定国政府にとって、構造基金を受け入れるための地ならしとしての試金石となってきた。それらの国々のインフラを改善するために供せられた予算の消化率は低いものであった。ポーランドが二〇〇〇年から二〇〇二年までに使える五・七五億ユーロのうち、〇・一五パーセント（八六万ユーロ）しか消化していないことはまったくの期待はずれであった。

拡大は、ヨーロッパ統合の格差是正政策にとって前例のない挑戦である。拡大はEUの内部において、少なくとも一時的にではあるが、経済格差をつくりだすからである。委員会報告によると、最も繁栄している地域に生活している一〇パーセントの人びとと、最も貧しい地域に生活している一〇パーセントの人びとのあいだには、拡大直後に二倍の格差（一人当たりのGDPについて）が生じる。拡大EUにおいては、全人口の二五パーセントに相当する一・一六億の住民が一人当たりGDPのEU平均の七五パーセント以下の地域に住むことになる。これに対して拡大以前は、〇・六八億の住民にすぎなかった。拡大はしたがってまさに将来への賭けを意味する。拡大EUは、すばらしい成長の可能性を秘めている。しかし、これから成し遂げるべきことは山積している。

さらに南キプロス（ギリシア系）とのあいだに和平合意が成立した場合に、北キプロス（トルコ系）に与えられる一・二七億ユーロの予算も、農業予算に分類されている。

（C）**内務**――この費目はすでに以前から予算が付けられており、二〇〇四年以降も延長となる計画に充当される。原子力安全に二・二七億ユーロ、加盟候補国が加盟前基金をより有効に利用できるよう専門知識を深め、機構制度も強化してゆくために二・五四億ユーロ、シェンゲン協定の域外国境の管理の強化に八・五八億ユーロで、これには国境警備隊の養成、シェンゲン情報システム〔域内での人の移動の管理を行なう情報システム〕の設置、関連設備の更新を含む。

（D）財政補償——財政補償の交渉はコペンハーゲン首脳会議の最後の最後まで続けられた。これは新たに加盟する国々で生じうる予算悪化を補償するものであり、加盟する前年度と比較しての補償である。原則は、いかなる新規加盟国も拡大の前年度と比較して状況が悪化していると判断すべきではない、ということである。補償額は個別に交渉され、各国ごとに加盟条約のなかに記載されている。総額は三三・八五億ユーロであり、農村開発予算と同レベルである。

新規加盟国による分担金の支払いもまた拡大における一つの現実である。二〇〇四年から二〇〇六年までの期間で一四七・四四億ユーロであり、一年におおよそ五〇億ユーロ、新規加盟国のＧＤＰの合計の五パーセントに相当する。分担金は次の基準によって計算された。

——ＥＵの「固有の財源」、つまり加盟諸国の関税収入、付加価値税からの収入、農業課徴金収入の全額で、これらの総額一七・四八億ユーロ。

——各国のＧＤＰの規模に比例した追加負担、九九・〇一億ユーロ。

ほかに、加盟国は「英国への還付金」に貢献することを求められている。このルール（英国がEUに一旦払った分担金の一部の払い戻し）は、マーガレット・サッチャーが一九八四年に獲得したもので、これらの国々にも適用される（EUは加盟国から受け取った分担金で予算をまかない、農業補助金や各種援助を加盟国に支払っているが、英国は農業補助金の受け取りが少なかったため、サッチャー首相が一九八四年に払い戻しを要求した）。

加盟国は三年間で一三・六億ユーロにのぼる額の支払いを負担する。これは当該諸国の分担金全体の九パーセントを占め、二〇〇四年で三・二億ユーロ、二〇〇五年で四・九七億ユーロ、二〇〇六年で五・二九億ユーロになる。

具体的な数値としては、ハンガリーはEU予算に対して、すべての関税収入、付加価値税収入の〇・六パーセント、二〇〇四年のGDPの〇・六九パーセントを拠出している。

拡大EUの財政には戦略的な思慮が必要であり、委員会や理事会によって鋭意取り組まれている。この作業の最大の意義は、改革かつ拡大されたEUにとって共通の構想を作り上げるという点にある。EUの予算は優先的に合意を見出すべき議案であり、ヨーロッパ市民によって承認される必要がある。外交政策、生活水準、持続的な成長および連帯に関して決められた目標の達成を可能にする予算だからである。

拡大ヨーロッパ構想に財政的な枠組みを与えるには、新たなEUの性質、アイデンティティと大望をどこに求めるかについての考察と、それを実現するための政策、とくに共同体財政を必要とする政策の検討が求められる。これらの抽象レベルの作業についてはすでに進められてきているが、今後さらに激しい議論を呼び起こすことになろういくつかの大規模な計画が、二〇〇六年にその期限を迎えようとしているからである。構造基金、研究、欧州横断輸送ネットワーク、教育およびメディア関係がそれである。これらの計画以降の財源確保のためには、法的枠組みに関しては二〇〇六年初頭、予算案に関しては二〇〇五年にも、事前準備を整えなければならない。

二〇〇四年度の基本予算、すなわち拡大EUの新年度予算では、支出の上限は九九七・五億ユーロ（プラス二・三パーセント）となっている。この支出は拡大EU二五カ国の積算したGDPの〇・九八パーセントに相当し、規定の上限値一・二四パーセントを下回る。二〇〇三年度予算は既存一五カ国のGDPの一・〇四パーセントであった。予算編成は複雑である。新規加盟国は一月一日から加盟国になるのではなく、五月一日から加盟国となるからである。したがって、最初の四カ月はまだ一五カ国予算であり、残りの月が二五カ国予算となる。二〇〇五年度予算は一〇六〇億ユーロ（GDPの一パーセント）と設定されている。

2　経済統合

貿易は中東欧の経済活動をEUのなかへ統合する原動力である。すでにこうした統合は大きく進展してきている。西欧諸国の成長率は停滞しているため、新たな経済統合がEUに活力をもたらすことは間違いない。加盟候補国の輸出の七〇パーセントはEUに向けられている。また、輸入の五八パーセントがEUからもたらされている。このように貿易の拡大はきわめて明確に認められる。現在、新規加盟国の貿易の五〇パーセント以上がEUとのあいだで行なわれている。これに対し、一九八九年には二〇パーセントでしかなかった。しかし、両者のあいだには不均衡がある。これらの新規加盟国については、EUからの輸出量のうち、四パーセントしか占めていない。ドイツ、オーストリアおよびイタリアと国境を接するポーランド、チェコ、ハンガリー、スロヴァキアおよびスロヴェニアは、他の国よりも貿易の恩恵を多く受けることができている。これらの国と隣接していることが輸出先を迅速に西欧にシフトさせ、市場経済への移行を容易にしたのである。バルト三国は、その地理的な位置とロシアの圧力のために、もう少し時間がかかった。だが、バルト三国はスウェーデン、フィンランド、ドイツおよびポーランドとの近さを利用して、輸出先や調達先の方向転換をすでに行なっている。

新規加盟国は自国の経済を西欧市場に結びつける必要があったが、それはすでに加盟以前から行なわれていた。一九九二年から二〇〇二年のあいだに、フランスはすでに加盟候補国向けの輸出を四倍以上に伸ばしていた。いまや輸出額は年間一五〇億ユーロにのぼっている。ポーランドが輸出相手国として大きな地位を占めており、輸出額の半分ちかくである五六億ユーロを占めている。二〇〇一年にはフランスの輸出の三・六パーセントが加盟候補国に向けられていた。これは、中華圏（二・九パーセント）やラテンアメリカ（二・六パーセント）向けを凌いでいる。二〇〇二年にも、加盟予定諸国との貿易は堅調であった（プラス六・六パーセント）、他の地域での貿易は大きく低迷した（アジア開発途上国でマイナス一四・三パーセント、ラテンアメリカでマイナス九・一パーセント）。貿易は工業製品でほとんど占められている（九四パーセント）。

中東欧諸国に対するフランスの貿易黒字は安定しており、二〇〇二年には二三億ユーロであり、前年より九〇〇〇万ユーロ増加している。

自動車部門が最も活発であり（プラス一九パーセント）、農産・食料品、医薬品および香水が大きな伸びを示した（それぞれ、プラス一三・二パーセント、プラス八・七パーセント）。

いずれにせよ、中東欧諸国におけるフランスの市場シェアは六パーセントにすぎず（既存加盟国内では一〇パーセント）、フランスは輸出のさらなる増大を期待できよう。相手国によってその市場シェアは大きく異なる。スロヴェニアとマルタではフランスの市場シェアは高いが（一二パーセントと一六パーセント）、バルト諸国においてはわずか三パーセントである。そこでの主要な競争相手はドイツ（二五パーセント以上）とイタリア（七・五パーセント）である。

3　活力に満ちた経済

加盟候補国の活力のもとは、確固たる専門性をそなえた労働力と結びついた、その経済の柔軟性と適応力にある。ベルリンの壁の崩壊後、これらの国々の市民たちは、きわめて起業家精神が旺盛であることが示された。一九八九年以来の変革は巨大な産業複合体の解体と再編と、重要な経済主体となった小企業の爆発的な増大をもたらした。スロヴェニアでは小企業が労働力人口の三五パーセントを雇用している。ハンガリーでは小企業の数は八〇万にものぼり、それらが労働力人口の五〇パーセントを雇用して、輸出の三分の一を担っている。中小企業はヨーロッパにおいて二〇〇〇万社を数え、一・一七億人を雇用しているのである。

この分野に関する加盟交渉は迅速に進んだ。二〇〇一年の六月には、すべての加盟候補国が中小企業に関する項目について交渉を終了していた。

自由化の効果は否定できない。富の創出は衰えを見せず、これらの国々の経済成長の見通しでは毎年四パーセントをこえる成長率が予想されている。それだけヨーロッパ市場に新たな消費者が現われることを意味している。中欧諸国の経済は、ここ一〇年のあいだに多くのものを既存加盟国にもたらしてきたし、その効果は増大する一方である。欧州委員会の経済金融総局の示す数字によると、拡大による今後五年間の成長率は新規加盟国で二ポイント、既存加盟国では〇・七ポイントと見積もられている。新規一〇カ国の貿易面での統合の効果はヨーロッパ経済をおおいに活気づけるであろう。

新規加盟国に対する外国直接投資は、工業およびサービス部門を活気づけ、コンスタントに成長を続けている。外国直接投資はストックベースで一九九八年には七〇〇億ユーロに達しており、一九九九年のみですでに一二二億ユーロである。二〇〇二年にはストックベースで一三八〇億ユーロに達し、単年度では二三〇億ユーロ（既存加盟国のGDPの五パーセント近い）である。しかし投資先の分布は偏っている。ポーランド（四〇〇億ユーロ）、チェコ（二六〇億ユーロ）およびハンガリー（二四〇億ユーロ）だけで、ストックベースで三分の二を占めている。それも一九九五年から二〇〇一年までのあいだに顕著な増加率（一一〇パーセント）を示している。スロヴァキアは自動車における大規模な投資によって大きな増大をみている。

外国投資は新規加盟国の経済において重要な役割を演じている。短期的には、経常赤字を補填し、中期的には、経済と産業構造の近代化を現実のものとするからである。

一九九〇年代のはじめから、外国投資は民営化につれて加速してきた。先行して進んでいる国においては、民営化はすでに完了段階に入っている。しかしながら、民営化は、その実現後も他の新たな投資を促す。国あるいは市町村との契約は一般的には、複数年度にわたるインフラ投資であるからである。

エネルギー、市町村サービスおよび交通などの場合がそうである。民営化されていない公共サービスの場合もフランス企業が慣れ親しんでいる官民パートナーシップ〔効率的なサービス提供のため、公的な機関と民間企業が提携して事業を展開するもので、フランスでは上下水道、都市交通などが古くから官民パートナーシップの手法で整備されている〕を提供する。

フローベースでのフランスのシェアは一九九八年において四・六パーセントであったのが、二〇〇〇年には二〇・一パーセントに達している。フランスはストックベースでは一〇パーセントでドイツ（三〇パーセント）、米国（二五パーセント）についで第三位を占めている。いまや、フランスは、総額六四・四億ユーロの投資を行なっており、最も重要な投資国の一つに数えられている。フランスは中東欧において一七五六件の投資先をかかえ、三〇万人を雇用している。最も多く外国投資を受け入れている国であるポーランドでは、フランスはトップに位置している。フランスはまたルーマニアにおいても第一の地位を固めている。これからのフランスの投資は、まずはサービス業にかかわるものである。

重要分野は、情報通信、大手流通、農産・食料品、化学さらにエネルギーである。高速道路網の近代化や浄水施設への参画を通じて、フランスの保有するノウハウが、確固たる専門知識を加盟候補国にもたらしている。だが、フランスの中小企業の進出は、他国の競争相手にくらべれば少ない。

フランスの事業者が今後どれくらい伸びていけるかは、これらの国に対する将来の構造支援活動をうまく活用する能力にかかっていくことになる。このような観点から見ると、新規加盟国においてフランスの技術や事業者にふさわしい地位を確保するためにはまだ多くの課題が残されている。

拡大ヨーロッパの成立による工場移転という懸念は、現実とはならなかった。すでに何年も前から、市場は開放されており、多くの事業者は現地に進出済みである。主要な移転はすでに行なわれているため、ミシェル・バルニエ〔原書執筆時点では地域政策担当欧州委員〕の予測では、投資の二〇パーセントだけが実際の移転によるものということになる。低賃金のような比較優位はすぐに平衡状態に達し、単純にコストが安いという理由だけでは移転は起こりにくくなってきている。中欧に新たな工場を建設するという選択はそれ以上に、将来のもっとダイナミックな消費地に直接立地したいという意思による。それがこれらの国々の経済成長を加速し、それゆえ西欧からの輸入財の消費を促し、フランスの企業にとって「新たな経済フロンティア」を形成する。たとえば、プジョー・シトロエングループ（PSA）は、スロヴァキアに年産三〇万台の生産能力をもつ新自動車工場の建設を七億ユーロの投資で行なう計画をたてている。それは新たな顧客のすぐ近くに工場建設することである。ルノーはスロヴェニアとルーマニアにおいて五〇〇〇ユーロの自動車ローガンで成功を収め、その地位を確立している。

中欧への工場移転はフランスの経済にとってよい機会である。拡大がなくても、移転は起きたであろう。だが、それはEU市場の外に位置することになる。拡大は、EU諸国の経済の相互依存性を強化する方向に働いているのであり、新たな成長要因となるのはまったく疑いのないところである。それぞれが利益を得ることができ、とくにフランス経済は新規加盟国のなかにおいて成長の余地がみられる。もしフランスが新規加盟国に一〇〇ユーロの投資を行なえば、契約というかたちで即座に一五から四〇ユーロの見返りがくるはずである。

二〇〇〇年における世界的な経済不況は、結果的に新規加盟国の経済には限られた影響しか与えなかった。その成長の原動力は個人消費にあったからである。

二〇〇〇年と二〇〇一年には、中欧の国々とEUの経済動向は一致する傾向にあったといえる。二〇〇二年の下半期から、両者の状況は異なるようになった。中欧のほうが成長は堅調であった（平均で三パーセント）。バルト諸国とスロヴァキアは高い成長率（五パーセントから七パーセント）を示し、それは二〇〇三年から二〇〇四年のあいだも維持された。ハンガリーとスロヴェニアは三パーセントにとどまった。

二〇〇一年には低迷していたポーランド経済は二〇〇二年の末に回復基調が確認され、欧州委員会によると、成長率は長期的に三パーセント近辺を維持する見込みである。

外需が乏しいという背景のもと、成長の根源は内需の加速的拡大であった。内需拡大を刺激したのは顕著な賃金の上昇とローンの急速な普及である。二〇〇四年には、新規加盟国の内需の拡大は四パーセントに達している。この増大はバルト諸国でめざましいが、ポーランドについても同様である（二〇〇

GDPの増加率（%）：2004年の見積もりと2005年の見通し
（欧州委員会，欧州復興開発銀行および13の公的私的機関の平均）

	2004年	2005年（第一期）	2005年（第二期）	2005年（第三期）
EU15カ国	2.3	2.2		
ユーロ圏	5.2	4.7	4.9	4.7
エストニア	5.9	6	5.7	5.8
キプロス	3.5	3.9		
スロヴァキア	4.9	4.5	5.2	4.8
スロヴェニア	4	3.6	3.8	3.7
チェコ	3.8	3.8	4.0	3.7
ハンガリー	3.9	3.7	5.0	3.9
ブルガリア	5.5	6	5.0	4.9
ポーランド	5.8	4.9	5.0	5
マルタ	1	1.5		
ラトビア	7.5	6.7	6.5	6.5
リトアニア	7.1	6.4	6.8	6.6
ルーマニア	7.2	5.6	5.0	5.3

出典：欧州委員会，欧州復興開発銀行=フランス経済・金融・産業省対外経済関係局／拡大ミッション

二年では一パーセントが、二〇〇四年には五パーセント）。成長率に対する投資の効果は国によって差異がある。スロヴァキアとポーランドはさほどではなかったが、エストニアでは成長を大きく促し（一八パーセントの増加）、リトアニアとハンガリーについても同様であった。二〇〇三年には、成長は一旦落ち着き（三・一パーセント）、その後二〇〇四年にはより高い成長率を示し、これらの国々の潜在能力水準（平均で四・一パーセント）に近づいている。顕著なユーロ高と、悪化した国際経済情勢にもかかわらず輸出も伸長をとげている。年間生産性向上率は国際競争の波に最もさらされている工業部門でも六パーセントに達した。

これらの諸国とEUとの貿易は、二〇〇二年のEUの輸入総額の落ち込みにもかかわらず、一定のリ

ズムを保ちつづけ、新規加盟国はヨーロッパ域内で一定の市場シェアを確保している。

高い成長率の負の側面は財政赤字の悪化である。エストニアとリトアニアを除いて、すべての国が莫大な財政赤字を抱えていた。加盟のおかげで引きつづき経済成長が維持されている。必要な構造改革、「アキ」の受け入れ、および行政能力の改善により、経済の効率と成長余力が高められたからである。さらに、政治的経済的安定が内外の投資家の信頼を獲得させている。

さらに、中欧諸国の経済的な統合の効果として地元資本による多国籍企業の出現がある。それらは数としては限られ、かつ地理的にも片寄っているが、総額一〇〇億ユーロにのぼる金額がこれらの国々から国外に投資されている。

これらの額は、GDPと比較すると、かなりの規模となる。エストニアの投資額四億ユーロがこの地域でのトップである（GDPの五パーセント）。それに続くのはハンガリー、スロヴェニアである（四・五パーセント）。これらの資本は隣接した国々に向かっている。したがって、チェコのパートナーは当然スロヴァキアである。主流分野はエストニアとチェコの場合は銀行であり、ハンガリーとスロヴェニアの場合は医薬品とエネルギー産業である。

新規加盟国のユーロへの参加は、それらの国の経済が実際どの程度収斂しているかにかかっている。新規加盟国は、二〇〇四年以降最短なら二年後までに欧州通貨制度（EMS）に加盟することになる。

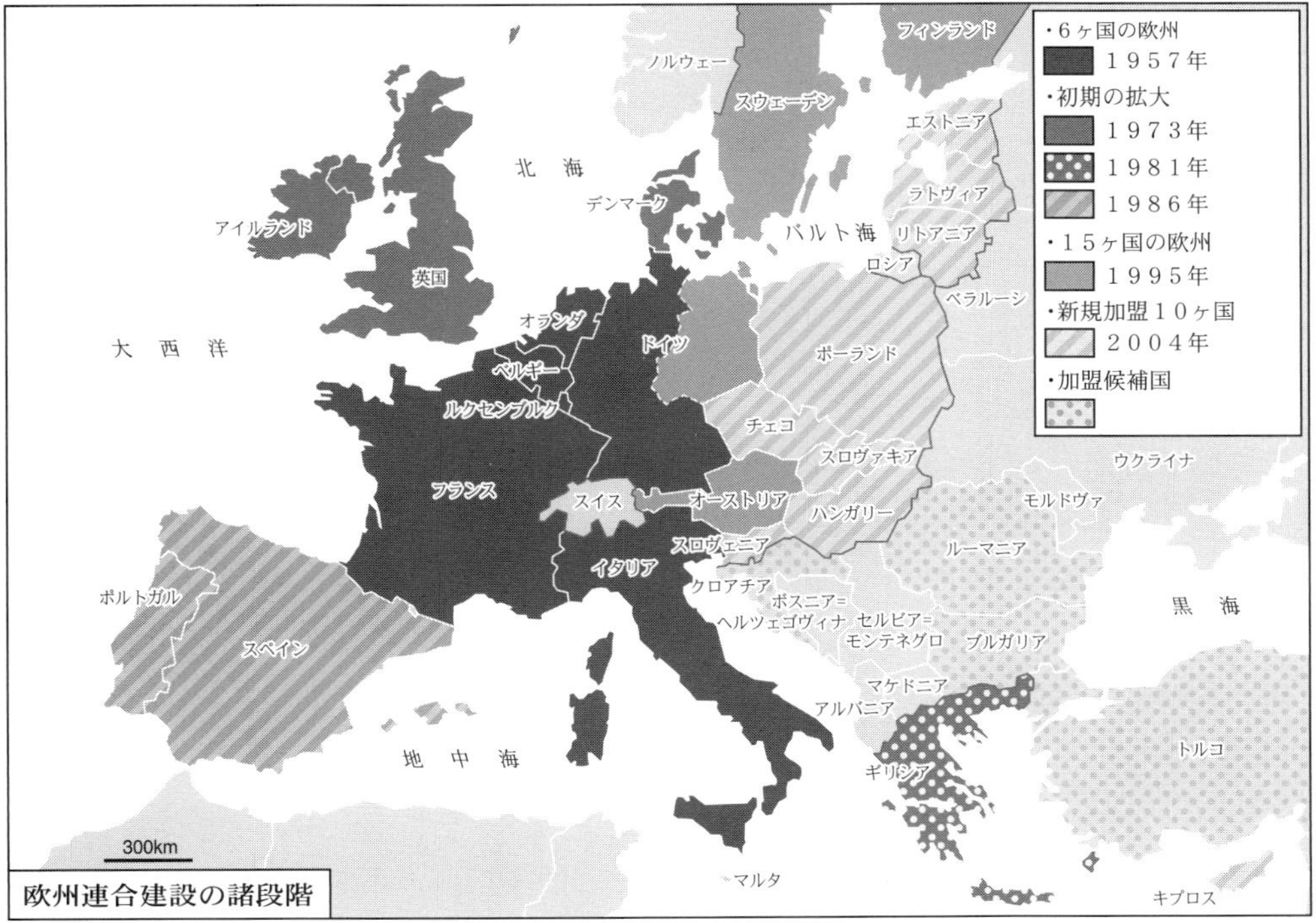
欧州連合建設の諸段階
300km
・6ヶ国の欧州
1957年
・初期の拡大
1973年
1981年
1986年
・15ヶ国の欧州
1995年
・新規加盟10ヶ国
2004年
・加盟候補国
大西洋
北海
バルト海
地中海
黒海
アイルランド
英国
ノルウェー
スウェーデン
フィンランド
エストニア
ラトヴィア
リトアニア
ロシア
ベラルーシ
デンマーク
オランダ
ベルギー
ルクセンブルク
ドイツ
ポーランド
チェコ
スロヴァキア
フランス
スイス
オーストリア
ハンガリー
スロヴェニア
イタリア
クロアチア
ボスニア=
ヘルツェゴヴィナ
セルビア=
モンテネグロ
ウクライナ
モルドヴァ
ルーマニア
ブルガリア
マケドニア
アルバニア
ギリシア
トルコ
ポルトガル
スペイン
マルタ
キプロス

これにより、これらの国はそれぞれの通貨と、ユーロの交換レートに関する「基準相場」から上下一五パーセントの乖離幅内に、自国通貨の変動を抑制できるようになる。この期間中は、これらの国々は独自の通貨政策を続けることができる。マーストリヒトの基準を遵守することができた場合は、ついでユーロを採用できる。できるだけ早くヨーロッパの繁栄空間に入りたいという明白な意思は、中東欧諸国にとってまったくリスクがないわけではない。大多数の新規加盟国はすぐにマーストリヒト基準を遵守して、ユーロ圏内に参加できる状態にいたるであろう。しかしながら、単一通貨の採用はそれぞれの国のマクロ経済政策に制約を課すことになり、以後自身の通貨政策をとれなくなる。その結果、起こりうる経済的な衝撃への対策として、自国通貨の交換レートの調整を手段とすることができなくなる。

ハンガリーは、二〇〇三年末に通貨危機によって難局に立たされるというかたちでそれを経験している。

多くの金融機関は、それゆえ新規加盟国がユーロ圏にあまりに性急に参加しないように監視している。新規加盟国のうち、最も経済的に安定している国のユーロへの参加は二〇〇八年以降に予定されている。もっと延期される可能性もある。

このような二〇〇四年の新規加盟国の加盟交渉の結果と、その特徴もまた拡大EUの一面をなしているのである。

第二章　二五カ国からなる拡大ヨーロッパ

ＥＵは、国際関係に新たな次元をひらく経済的、社会的、政治的空間を形づくっている。ＥＵは規模があり、経済の繁栄に支えられた富の中核地となっている。ＥＵは人びとと資本を引き寄せる拠点の一つをなしているのである。

拡大ＥＵは、新たな憲法条約によって改善すべき現在の複雑な制度にもかかわらず、真に一体的な性格を示しているのである。

Ⅰ　二五カ国連合の一体化

1　懸念すべき人口動態

ヨーロッパの人口は減少しつつある。そのうえ年齢も高齢化している。この少子高齢化は、将来にとっておそらく主要な課題となるだろう。

二〇〇三年におけるEUの人口は、既存加盟国で三億七八九八万八〇〇〇人である。新規加盟国の七四六〇万人がこれに加わると、二〇〇四年では拡大EUで四億五三五四万人となる。米国の二億八七〇〇万人、ASEAN（東南アジア一〇カ国の連合）諸国の五億人、MERCOSUR（ラテンアメリカ四カ国の連合）諸国の二億四四〇〇万人、それにもちろんインドの一〇億人と中国の一三億五〇〇〇万人などと比較しても、EUは世界の巨大人口国／地域と比肩しうるものである。国際連合の予測によると、一五カ国連合のままであれば、二〇五〇年において人口は三億三九三〇万人にすぎない。二五カ国連合の場合でも五四〇〇万人を失うことになり、人口で三億九七三〇万人に減少する。

これはすなわち、EUがこれから獲得する新たな人口（七四六〇万人）の七二パーセント（五八〇〇万人）

を今後四六年間に「失う」ことを意味する。

ヨーロッパの人口の減少は悩ましい現実である。ヨーロッパにとってまさに問題であり、歴史的にみると、人口は国力の弱体化の要素となっているからである。拡大EUのすべての加盟国にかかわることである。ただし、アイルランド、フランス、オランダ、英国についてはやや例外で、人口増加率はプラスであるが、その値は低い。

キプロス、マルタおよびスロヴァキアというごく小規模の例外をのぞいて、新規加盟国が人口増加率で減少傾向をもっていることは驚きである。ブルガリアとルーマニアも同様の傾向にある（八一〇万人と二二四〇万人）。

拡大はEUにとって、期待されていたような人口増加の活力源にはなりえない。かえって、新規加盟国はヨーロッパの人口の減少傾向を拡大するのである。このような状況は、新規加盟国が経験した困難な年月と経験、一連の民営化、急激な改革のためと考えることもできる。だが、このような動向はベルリンの壁の崩壊以前から相当程度に始まっていた。独裁政権時代には、子供をもとうという気にはなりにくかった。それは経済的困難においても同様であった。真剣な出産奨励策が考えられなければ、この傾向を断ち切ることはできないであろう。したがって、ヨーロッパの人口についての見通しは暗い。近い将来にこの状況をくつがえすような要因を見出すことはできない。

すでにヨーロッパの扉をたたいているバルカンの五カ国（アルバニア、ボスニア、クロアチア、マケドニア、セルビア＝モンテネグロ）の人口を加えるとすると、二四〇〇万人の増加を見込むことになる。だが、これらの諸国も人口の急激な減衰にみまわれており、現在から二〇五〇年までに二〇〇万人を失うと見積もられている。これはヨーロッパに広く見られる現象ということができる。

ヨーロッパを三三カ国（トルコとその人口七〇〇〇万人）に広げて考えると、現在五億七三七〇万人の住民が、二〇五〇年には五億四一二〇万人でしかなくなる。拡大ＥＵの人口は意識的な出産奨励策、あるいは移民の受け入れというような政策をとらない限り明らかに減少し、それゆえ活力も労働力も頭脳も減ってゆくことになる。この傾向はさらに大陸規模にもおよぶ。地理的にヨーロッパに属する地域（ベラルーシ、モルドヴァ、ロシアおよびウクライナを含む）の現在の人口七億二七〇〇万人は、二〇五〇年には六億人を切ってしまうであろう。たとえ目下、あるいは将来予定されるＥＵの拡大が一時的な人口の増大をもたらすことができたとしても、世代の更新は保証されておらず、ヨーロッパの人口は減少してゆくことになる。さらに悪いことに、平均年齢が上がってゆく。

国際連合の調査によると、ＥＵの平均年齢（統計の中央値）は現在三十八・一歳である。二〇二五年には四十五・八歳となり、さらに二〇五〇年には四十八・五歳に達する。ほかと比較してみよう。米国の現在の平均年齢は三十五・五歳であるが、二〇五〇年になってもその平均年齢は一ポイントしか増加しない。二五ヵ国連合では短期的に若返りがかろうじて見込まれるが、長期的にはその効果は消滅してしまう（現在三十六・五歳、二〇二五年で四十四・五歳、二〇五〇年で四十九・一歳）。三三ヵ国連合では、それらの数字は三十三・四歳、四十一・八歳、四十六・一歳となる。比較のため世界平均を示しておくと、二十六・五歳、三十二歳、三十六・二歳である。世界人口も急速に高齢化するが、ヨーロッパの人口はもっと急速に高齢化するのである。新規加盟国についても違いはない。この分野においては新規加盟国はまったくヨーロッパ的である。医療の進歩と寿命の伸長が日進月歩であることは喜ばしい。しかし、同時にそれがデリケートな経済問題を引き起こしていることは認めざるをえない。年金の財源確保や高齢者対策として必要な医療制度だけを考えても大変なことである。これは将来のヨーロッパにおける重要課題である。ヨーロッパにおける数々の緊急課題のうち、人口学的問題は中心課題である。また同時に、移民問題も重要な課題である。

拡大の結果生じるであろう人口移動を取りざたする向きもあったが、実際の数字は、とくにフランスでは懸念に値しないものであった。一九七〇年から八〇年に経験した人口移動の波は、すでに過去のものである。バルカンの安定がそれに大きく貢献している。加盟に向け、一時的に困難な状態にある国々を支援するという戦略をとったことが、実を結びつつある。中欧諸国は、いたるところで成長を回復した。まだ先は長いが、その経済成長率は既存加盟国を大きく上回っている。これらの国々の国民は、現在のEU加盟諸国の失業者の数を増やすのではなく、むしろ自国の発展に携わろうという新たな希望を持つにいたっている。

一九九八年において、新規加盟国から既存加盟国へ流入した移民数は八五万人であり、一五ヵ国連合の人口の〇・二パーセントに当たる。そのうちの三〇万人が労働力人口であり、一五ヵ国連合の労働力人口の〇・二パーセントに相当する。この数字は中東欧諸国出身者の総人口の〇・八パーセントにも満たない。今後一五年間において、新規加盟国からの移住者は、その人口の二・五パーセントを超えないはずであるし、その割合は急速に減少し、予測によると二〇三〇年には二四〇〇人程度となる。この推定値は二〇〇三年三月初めに欧州委員会から出版された研究報告（拡大ヨーロッパにおける人口移動傾向）によって裏づけられている。市場経済への移行が始まった当初から、中東欧諸国の人口の移動傾向は、それぞれの国においても低いものであった。経済の移行期にあって、多くの場合は苦労して手に入れた不動産への愛着がそれを後押ししているのであろう。

よりよい生活を見出すことのできる別の土地で新たに仕事を見つけるべく、大量失業にみまわれている地域から出てゆこうとする労働者が少ない理由はそこにある。同時に既存加盟国は前に記した保証措置を規定した。そのうえ、加盟候補国のシェンゲン地域〔一九九五年のシェンゲンにおいて締結されたシェンゲン協定は、協定国に出入国の簡素化を行なった〕への加盟は、それだけではこれらの国のEUとの域内

新規加盟国からの移住者予測

国名	1998年[1]（総数）	1998年（%）	2002年	2010年	2020年	2030年
アイルランド	200	0	79	34	10	1
イタリア	34, 490	4	13, 577	5, 940	1, 710	96
英国	39, 000	4. 6	15, 353	6, 717	1, 934	108
オーストリア	103, 000	12. 1	40, 547	17, 739	5, 107	286
オランダ	9, 606	1. 1	3, 782	1, 654	476	27
ギリシア	20, 131	2. 4	7, 925	3, 467	998	56
スペイン	10, 539	1. 2	4, 149	1, 815	523	29
スウェーデン	26, 191	3. 1	10, 310	4, 511	1, 299	73
デンマーク	8, 863	1	3, 489	1, 526	439	25
ドイツ	554, 869	65	18, 430	95, 560	27, 510	1, 539
フィンランド	11, 985	1. 4	4, 718	2, 064	594	33
フランス	22, 000	2. 6	8, 661	3, 789	1, 091	61
ベルギー	10, 773	1. 3	4, 241	1, 885	534	30
ポルトガル	781	0. 1	307	135	39	2
ルクセンブルク	700	0. 1	276	121	35	2
EU15カ国	853, 128	100	335, 843	146, 926	42, 297	2, 366

(1)受入国にすでに定住している中東欧諸国10カ国出身者の人口

出典：ドイツ経済研究所週報，2000年

国境の管理を廃止することには繋がらない。このような措置には加盟国によって行なわれる特別な評価に基づいて、理事会の全会一致による明確な決議が必要だからである。

一般的な先入観とは異なり、拡大がこれ以上の人口の移入をもたらすことはない。それに、ここ数カ月、新聞の第一面を騒がせるような非合法越境者は、拡大に直接かかわる国々の出身者ではない。彼らはもっと遠くの、経済が依然悲惨な状態にある地域、戦争状態にある国々、あるいは、個人の基本的人権が尊重されない国々から流れこんでくる。彼らはアフガン人、クルド人、パキスタン人などである。チェコ人でもラトヴィア人でもない。

他方、ヨーロッパは南側諸国からの大きな移民の波に直面している。二〇〇三年六月二十日のテサロニキEU首脳会議で、政府首脳がEUとしての移民政策の基礎を打ち立てる決定をした理由もそこにある。自由と、安全と公正の空間を創設する欧州憲法案によってEUはそのような政策を確立する手段を手にすることになる。密入国に対して実効性のある入国管理制度を実施すること、そしていまや東西共通の空間となったEUの域内でヨーロッパの人口減少の対策となりうるような賢明な移民政策を組織的に行なってゆくことは、憲法レベルでしかなしえないからである。

2 共通の文化

今後われわれの現実となるヨーロッパのアイデンティティは、文化を通じて醸成されてきた。ヨーロッパの学問の発展は国境の存在と無関係な大学のネットワーク上に立脚してきた。すでに中世でも、人びとは大学から大学へと渡り歩いていた。そして大学は大陸のいたるところに栄えていた。

一三四八年に設立されたクラクフ大学ではコペルニクスが教鞭をとっており、フィレンツェ大学、パリ大学、ウィーン大学と拮抗していた。一三六七年に創立されたハンガリーのペーチェ大学や、プラハ大学はピサ大学に対してなんのひけもとらなかった。エストニアのタルトゥ大学、リトアニアのヴェルニュス大学、あるいはラトヴィアのリガ大学は知識の発展と伝播に貢献してきた。中欧の大学教育の講座はわれわれのそれと同様に科学と文芸にひらかれており、ルネサンスにおいても、宗教改革の思想の伝播においても、大きな役割を演じていた。

哲学者や研究者は十四世紀からヨーロッパの諸国の首都を訪れ、共通の知識の普及に貢献していたのである。これは啓蒙思想の興隆に関して、よりいっそう明白に言えることである。一八四八年にヨーロッパを席巻した民族運動や民主化運動は、パリと同様プラハでも、ブダペシュトと同様ブカレストでも、ベルリンと同様にポズナニでも、そしてスロヴァキアと同様クロアチアでも起こった。拡大ヨーロッパ、それは再統一された共通文化のヨーロッパである。われわれは新たなEUの加盟国と同じ文化スタンダードと同じ哲学的アプローチを共有しているのである。

文化は貿易自由化の例外とすべきであるというフランスの持論は、新規加盟国からも理解を得やすい考え方である。米国が圧倒的な優位を誇る映画産業のような分野で、中東欧諸国のいくつかは米国との競争に立ち向かい、自国の映画産業を成功裡に維持している。たとえば、チェコ（市場シェアの三〇パーセントが国産映画）あるいはポーランド（同二〇パーセント）がその例である。

文学については、ハンガリーが読者数においてデンマークとスウェーデンについでヨーロッパ第三位である（一人当たり一年に一一冊以上を読む）。

では芸術についてはどのようなことが言えるであろうか？　この芸術こそが軍隊にもましてヨーロッパの外周を画してきたのである。ヨーロッパの芸術は直感的に、あるいはタッチや「技量」だけでそれとわかる。十九世紀と二十世紀のはじめの状況を見ると、戦闘的な民族は厳しく隔てられた政治的国境があたかも存在しなかったかのように、大陸諸国の芸術家たちがどのように各国をめぐり、交流し、歩き回っていたかがよくわかる。モスクワから来たマリーナ・ツヴェターエワはモスクワに戻るまでにプラハ、ベルリンおよびパリに次々と滞在し、同じころパステルナークは逆の道程をたどっていた。同じように、芸術家の稀有の培養器であるエコール・ド・パリを思い出してみよう。そこにはシャガール、モディリアーニ、ブランクーシらが集まっていた。ベルリンのバウハウスは、カンディンスキー、パウル・

クレー、ラスロ・モホリ＝ナジを惹きつけていた。これらのヨーロッパ各地から来た芸術家たちは、母国が紛争に明け暮れていたのとは無関係に自然と一カ所に集まった。芸術の前衛を担った人びとは、政治においては前衛でもあったのだろうか。これは異端すれすれであるが、関心を向けるに値する。これらの芸術家にとって、実際国境は有りえない。かれらに共通するインスピレーションはまずヨーロッパのものだからである。リルケやモーツァルトを考えてみよう。またパトロンたちのことも考えてみよう。ロシアのエカチェリーナ大帝（エカチェリーナⅡ世）は、イタリアの偉大な建築家や、ディドロのような最も注目されていた哲学者や最も名声の高い芸術家たちをサンクト・ペテルブルクまで呼び寄せていた。先達となったフィレンツェのロレンツォ・デ・メディチ・イル・マニーフィコのように、このロシアの女帝はヨーロッパ芸術は一つであるという感情を正しく共有していたのである。ヨーロッパ芸術は血みどろの戦い、専制君主、国境線があっても一つでありつづけていたのである。

EUに加わろうとする新たな国々のなかには、誰も疑問を挟む余地のない国がある。チェコは文学に関してはパリおよびベルリンの近郊に位置しているし、とくに忘れてはならないのは、音楽である。ハンガリー人のフランツ・リストとベラ・バルトーク、ポーランド人のショパンとルビンシュタイン、チェコ人のスメタナとドヴォルジャーク、ルーマニア人のエネスコがいる。チェコ人のカフカとチャペックと同じように、ルーマニア人ではイヨネスコとエリアーデなど多数がヨーロッパの文学の豊饒に貢献してきた。

ヨーロッパ文化への寄与を主張できないような国は、拡大ヨーロッパの国々のなかには存在しない。

芸術家自身もこのヨーロッパの大義を擁護している。ヴィクトル・ユーゴーだけでなくサン・シモンやウィリアム・ペンをあげることができる。彼らは、それが当時の流行や、その風潮ではなかったにもかかわらず、他の誰よりも強くヨーロッパの統一は自然なものであると感じていた。拡大EU諸国の科学者と芸術家の質は、しばしば過小評価されているように思われる。二五カ国に拡大したEUにはさらに一四のノーベル賞が加わるのである。

ヨーロッパの文化はこの大陸の微妙な差分の混合であり、同じ基本的な価値感を共有している。違いの変化を楽しんでいるが、それらは世界にとっては往々にして同じ形態のものとしてしか、立ちあらわれない。EU拡大ののちに、この拡大が芸術や学問や知識にとっていかに自然であるかがわかるであろう。そのとき、おそらく、われわれはヨーロッパという単位に経済的意味だけに限られない妥当性があることを認識し、各国がそれぞれ誇る「モデル」を超えた本当のアイデンティティをヨーロッパに付与し、そのアイデンティティをしかるべきところ、すなわちヨーロッパ自身の内部に求める一歩を踏みだすことになるだろう。ヨーロッパの一体性はとりもなおさず文化的なものなのである。

3　共通の政治空間

自由、民主制、人間の尊重と発展が、ヨーロッパ統合構想の基本にある。自由、なぜなら上位にあるという大義に人間を隷属させるような制度を深い確信をもってわれわれは拒否するからである。

民主制、なぜならわれわれは、少数者あるいは多数者の専制を防ぐこの政体に賛同するからであり、指導者の選出と統制を目的とした投票を通じ、各人の幸福のために一定の共同作業を分担することを承認するからである。

人間は、固有の権利、願望、欠点と美点を合わせ持った存在として、あらゆる社会組織の基本軸をなす。人間は、単独の個人以上のものである。単独の個人においては高い精神性、人間の進歩、やりなおす権利、また許される権利、共同体（家族、市町村、国家）からなる社会組織内での生活といったことが考慮されることはない。こうした諸点の精髄をなすのが人権なのである。人権とは、集団の権利である前に各人の個人的な権利である。人権は不可侵であり、集団の課すいかなる組織あるいは大儀にも隷属するものであってはならない。この意味で、キリスト教はヨーロッパに人間の尊重というユダヤ教とも共通の基本的な価値観を与えている。この点が中国のような他の偉大な文明とわれわれとの違いをなすところである。またこの点が米国のような西洋の同盟国と似通っているものの、われわれの固有の特徴もなしている。現在でも、この基本的価値観が、われわれの歴史のなかで最も貴重な遺産であり、ヨーロッパ・コンヴェンション（欧州協議会）によって準備された欧州憲法草案のなかに明確に記されている。新規加盟国はこの価値観を支持している。これら諸国に求められた修習期間は、歴史的な流れからすれば駆け足で過ぎ去ったとはいえ、容赦なくかつ厳しいものであった。EUへ参加するための法的および民主的な「控えの間」である欧州評議会〔一九四九年に人権、民主主義、法の支配という価値観を共有する西欧一〇カ国がその実現のために加盟国間の協調を拡大することを目的としてストラスブールに設置した国際機関〕にまず参加するためには、一九九〇年代から、死刑の廃止、出版の自由、組合の自由と個人の自由、その他を規定した評議会の諸条約に調印しなければならなかった。すべての国が調印を行ない、われわれの要請に応じた。新規一〇カ国のうち、一国なりともこの義務を怠った国はなかった。

それゆえわれわれは、バルト諸国に対してかつての占領者たる旧ソ連諸国の出身者を国民と同等に扱うことを要求した。数えきれないほどの紛争の原因となり、何度となく蒸し返されてきた中欧におけるマイノリティーの問題を凍結させた。ヨーロッパの仲間入りをするためにバルト諸国は外国の法秩序を上から課せられたものとして外部からの法律的命令を受け入れたのである。中欧に真の民主主義が根づくのには一〇年で済んだ。自由選挙が組織され、多くの林立する政党や、ポピュリズム、共産主義による荒廃にもかかわらず、いずれも過去に民主主義を経験した国々において、民主主義はその水脈をとりもどしたのである。中欧諸国にはすでに一三年にわたる完璧な民主主義の実績がある。これらのほとんどの国々にとってそれは共産主義によって追放され禁止されていたルールや習慣を復活させることを意味していた。その証拠に選挙は定期的に実施され、公正に運営されている。これらの選挙はいずれも当初は、厳格な国際監視団の管理のもと、所定期日にルールに則って組織され実施された。繰上選挙は例外である。二〇〇一年六月のリトアニア、二〇〇二年の一月のエストニアの例があるが、そこでさえ、民主的実践のよく確立されたルールのもとに行なわれたのである。一九八九年以来、これらの国を統治してきたのは穏健政党である。それらはいずれも、旧共産党系を含め、民主主義を標榜している。スロヴァキアは一九九三年から九七年にかけて波瀾にみまわれたが、二〇〇二年の九月の選挙時には、ポピュリスト勢力を押さえこみ、警戒論を見事に否定した。他では、とくに、ハンガリーは二〇〇二年五月の選挙の結果、議会から極右政党であるハンガリー正義生活党を放逐している。

新規加盟国が民主主義の方向に舵を切ったやり方には文句の付けようがない。復讐、ごまかし、暴力ざた、などの悪いニュースはベルリンの壁崩壊後、伝わってこない。平和裡に民主主義は中欧に蘇ってきたのである。それを率直に喜ぶべきである。

分断の精神より強い利害上の連帯の精神を強めるのが経済であるとすれば、さらに広大となった新たな内部政治空間を不滅にするのが人の交流である。人的交流の努力を無視することは誤りであろう。

ヨーロッパ規模の政党が存在し、それに新規加盟国のいろいろな政治団体が属している。ヨーロッパ人民党グループとヨーロッパ社会党グループには新規諸国の政党も加わっている。政治の場と政治的な考察を行なう範囲は拡大している。グローバリゼーション時代のこんにち、これが有益でないわけがない。新規加盟国がわれわれに、彼らのダイナミズムと、経験、さまざまな生活共同体における社会のあり方や人間の発展について、われわれのものとは異なるもっと大胆なヴィジョンを少しでも分け与えてくれる可能性も考えられる。

Ⅱ　複雑に込みいった機構問題

統合されるヨーロッパに向けて新たな制度を思い描く難しさに直面した各国は、ラーケンEU首脳会議（二〇〇一年十二月十四〜十五日）で、EUの「再建」構想を練り、それを提出してもらうという仕事を「コンヴェンション（協議会）」にゆだねることに決定した。状況は複雑であった。というのは、新規加盟国は従来の制度に同意したのであり、作業途上の構想に同意したわけではないという了解があったからである。それゆえヨーロッパ・コンヴェンションの作業にこれら諸国を関与させることが決定された。これは危険な賭けであったが、うまくいった。コンヴェンションの作業の結果として多くの進展がもたらされた。加盟国とEUそれぞれの権限が明確にされたことは間違いない。当然ながらEUの規範や手続きの簡素化の必要も認識された。より効率的な機構のあり方が描きだされるようになった。「ヨーロッパ社会」はついに共通の価値観と構想を見出したのである。憲法草案には基本権憲章が組み入れられた。この憲章によってヨーロッパは、個人および集団の権利を世界で最もよく保護する地域となる。まったく思いもよらなかったこの成果を実現にこぎつけるために、コンヴェンションは欧州憲法の発効を二〇〇九年まで延期することを受け入れた。それまでは二〇〇〇年十二月に締結されたニース条約が適用される。新規加盟一〇カ国は、二五カ国で批准されるべき欧州憲法の発効を待ちながら、国民が批准した従来の機構によって運営されるEUで経験を積んでゆくことになる。今後の新規加盟国はEUに参加すると同時に欧州憲法に同意することになろう。

1　ニース条約

ニース条約はヨーロッパが生み出しうるものの最悪のカリカチュアであるというのは万人の認めるところである。ニース条約は加盟国の増大に対して、EU機構の根幹なかでも創設以来の運営ルールをかえずに既存の制度を適用するにとどまったからである。この悪評高い条約は二〇〇三年二月一日に発効した。現在これがＥＵの運営の基本をなしている。機構面での拡大のスケジュールは詳述に値するであろう。それは三つの段階からなる。二〇〇四年の五月一日から十月三十一日まで、二〇〇四年の十一月一日から二〇〇九年まで、および二〇〇九年以後である。

（Ａ）理事会における決定（加重投票権の配分）――二〇〇四年五月一日の加盟から二〇〇四年十月三十一日まで、新規加盟国の投票権はアムステルダム条約に基づく旧来の加重方式によって配分されている。

ニースＥＵ首脳会議で採択された投票権の配分は、二〇〇四年十一月一日から発効した。この期日以降、理事会の特定多数が成立するためには、二三二票以上で、そのうち賛成国の人口総計が全加盟国の人口総計の六二パーセント以上であること、かつ加盟国数の三分の二の賛成を得ることが要件となる。理事会における可決阻止に必要な最低投票数は九〇で、「大国」の三カ国の二九票と「小国」一カ国の三票があれば足りる。

（Ｂ）欧州理事会の議長――ブリュッセルＥＵ首脳会談（二〇〇二年十月）の際に、新規一〇カ国の加盟後も二〇〇六年末までは欧州理事会の議長国の輪番制度を維持することが宣言された。それまでのあいだに二〇〇七年以降の議長国の順序が欧州理事会によって決定される予定である。

欧州理事会議長国の担当順序（二〇〇五年〜六年）

年度	前半	後半
二〇〇五年	ルクセンブルク	英国
二〇〇六年	オーストリア	フィンランド

（C）新たな欧州委員会——ニース条約は二〇〇四年五月一日から新規一〇カ国より各国に一名ずつ欧州委員が着任することを規定している。欧州委員の規定の任期満了日は、二〇〇四年の十二月三十一日である。三〇のポストを有するあまりに数の多い欧州委員会に必至の運営の難しさを後々まで引きずることを避けるために、委員会は、二〇〇四年五月一日から新規加盟国に対して「無任所委員」のポストを配分すること、ただしこの委員会の任期満了日を十月三十一日に前倒しすることを決定している。二〇〇四年六月の欧州議会選挙を受けて、新たな委員会が任命され、二〇〇四年十一月一日に発足した。新たな委員会は、各加盟国から一名、総員二五名の委員を数えることになる。欧州会計検査院、欧州司法裁判所、および第一審裁判所は各加盟国から一名を迎えいれている。

（D）欧州議会――欧州議会に関するニース条約の規定は、二〇〇四年六月十三日の選挙から適用される。各国はニースで決定された議席数を配分される。この議席数は将来において加盟の見通しのあるブルガリア（一七議席）とルーマニア（三三議席）の割り当て分五〇議席を各国に比例配分して上乗せしたものとなっている。ドイツとルクセンブルクは、この一時的な上乗せから除外されている。欧州議会の議員総数は七三二議席を上限としている。ハンガリーとチェコはニースEU首脳会議において将来の欧州議会の割り当て議員数に不満を示した。その結果、コペンハーゲンEU首脳会議で議員数を、EU内での人口比がほぼ同等のベルギー、ギリシア、ポルトガルと並ばせることができた。これらの国々はいずれもそれぞれ二四議席を配分されている。

フランスの欧州議員は、二五カ国EUでは七八議席となる。EUの有権者は三億四〇〇〇万人を超え、そのうち六〇〇〇万人近くは母国に居住していない。

（E）欧州中央銀行（ECB）――ニース条約では、欧州中央銀行の政策委員会（理事会）の構成（理事と各国中央銀行総裁から構成される）の変更はない。しかし、決定ルールを変更できることが規定された（定款一〇条）。この規定を利用して、ヨーロッパの政府首脳は拡大後に着任する政策委員会に輪番投票制を

理事会の票数の割り当て
（2004年11月1日以降）

加盟国	票数	合計
ドイツ，フランス，イタリア，英国	29	116
スペイン，ポーランド	27	54
オランダ	13	13
ベルギー，ギリシア，ハンガリー，ポルトガル，チェコ	12	60
スウェーデン，オーストリア	10	20
デンマーク，フィンランド，アイルランド，リトアニア，スロヴァキア	7	35
キプロス，エストニア，ラトヴィア，ルクセンブルク，スロヴェニア	4	20
マルタ	3	3
EU25カ国合計	105	321

創設することを決定した。

欧州中央銀行の提案にそって、欧州理事会は、ユーロ圏が一五カ国以上になった場合、投票権のある中銀総裁の数を削減することにした。この削減は二段階式で行なわれる。ユーロ圏の構成国数が一五カ国と二二カ国のあいだにあるときは、国々を経済規模（GDP）によって二グループに分け、二二カ国を超えたときは、三グループに分けることにした。

第一段階では、第一グループは最も富裕な五カ国の中銀総裁がそれぞれ四票の権利をもち、第二グループはその他の国々の中銀総裁が合計一一票の権利を持つ。ユーロ圏が二二カ国以上にわたるとき、すなわち第二段階に入ると、第一グループの五カ国の委員がそれぞれ四票の権利をもつことには変わりないが、第二グループは八票の権利しかなくなり、

欧州議会の議員数の割り当て

加盟国	議員数
ドイツ	99
フランス，英国，イタリア	78
スペイン，ポーランド	54
オランダ	27
ベルギー，ギリシア，ハンガリー，ポルトガル，チェコ	24
スウェーデン	19
オーストリア	18
デンマーク，フィンランド，スロヴァキア	14
アイルランド，リトアニア	13
ラトヴィア	9
スロヴェニア	7
キプロス，エストニア，ルクセンブルク	6
マルタ	5
EU25カ国合計	732

第三グループが新たに作られ、合計三票が与えられる。

第二段階での場合、第一グループの五カ国の構成はドイツ、英国、フランス、イタリアおよびスペインとされ、案件の八〇パーセントに投票権をもつことになるだろう。第二グループは案件の七〇パーセントに、第三グループは案件の五〇パーセントのみに投票権を持つ。新規加盟国は第二グループか第三グループに属することになる。この新たな制度は共同体における平等の原則の例外をなすものである。

(F) 新たな欧州公務員——新たな公務員がEUの諸機関に加わることになる。補助的な職種の採用試験が二〇〇二年一月に欧州委員会によって行なわれた。これはEU機関における新たな雇用に対する関心の度合いをおしはかる試金石となった。新規一〇カ国から二万五〇〇〇人の応募があった。今後二〇〇四年末までに、数千人にのぼる、行政官、アシスタント、秘書、翻訳通訳者のポストが欧州機関から提供されるであろう。欧州委員会は三五〇〇の新たな常設ポストを創設した。そのうちの一〇ポストが総局長（最高位で、A1クラスと呼ばれている）、A2クラスが四二ポスト、さらに中堅管理職が一八九ポストである。これらのポストは、人口と理事会における持ち票数に応じて、新規一〇カ国に配分されることになる。

拡大により、EUの人口は二〇パーセント増大し、国の数は六六パーセント増加する。さらに公用語の数は八二パーセント増加することになる。二〇〇四年五月一日から、EUの公用語は二〇カ国語となる。そのような拡大は、通訳者と翻訳者の数を必然的に増大させることになる。その必要数は、一言語あたり四〇人の通訳、四〇人の翻訳者および六〇人の行政官と見積もられており、現在の翻訳サービスに関わる二〇〇〇人に加え八〇〇人の公務員が新たに加わることになる。それにもかかわらず、翻訳サービスのコストは現在のコストを維持しなければならない。そのコストは一年に一市民あたり二ユーロである。

2　新憲法

政府間会議の各国事務方が鋭意検討した案文を起草したコンヴェンションが得た均衡は、変更されてはならない。とはいえ、二〇〇三年の十二月時点で打開の難しい二つの問題が認められた。その二つの問題とは、委員会の構成と理事会における票数の配分である。この憲法法案は欧州理事会からの付託に従って、EU内部のルールと手続きを簡素化し、機構に変更を加え、EUと加盟国の権限配分を明確にしたものである。

EUの法文書は六項目となり、決定手続きにおいて欧州議会の関与する機会が増す。すなわち欧州議会は、また同時にコンヴェンションの草案によって強化されることになる。欧州議会は新たな権限を手にし、EUの機関によってなされる決定の大部分に関与することになる。

新たな決議の採択に関しては特定多数決（加盟国の半数以上、かつ人口の五分の三以上）〔その後修正された〕が原則となる。

政府首脳から構成される欧州理事会は、欧州を代表する議長を二年半の任期で選出する〔二期五年まで可能〕。また議長は、欧州委員会の副委員長である外務大臣によって補佐される。この副委員長はまた外相理事会の議長を務める。外相理事会においては、いままでどおり全会一致で決議を行なうが、外交担当機関として格別の地位を与えられる。立法・総務理事会はそれぞれの国の関係閣僚を集め、他のすべての案件についての権限を持つ。

欧州委員会は提案と発議の役割を保持し、ヨーロッパの「一般的利益」を代表する。その構成員は一五人に制限されている〔その後修正されている〕。委員長は、欧州議会選挙の結果を踏まえ、加盟国の政府首脳の推挙に基づき、欧州議会によって選出される。

この草案は全体としてニース条約における重大な欠陥部分を是正するものである。

この効率的で革新的な憲法「パッケージ」は、いままでの手続きの複雑さや、一部のルールの曖昧さによってEUが失いかけていた明瞭性を回復するものとして構想された。EUと加盟国の権限が再定義されたのである。通商政策や関税同盟はEUの専権事項であり、国内法よりEU法が優先する。司法や治安、エネルギーおよび環境は、加盟各国とEUとが共同で管轄する。各国の権限として残される分野に関しては、EUの政策は「支援や補完」のため、あるいはよりよい連携を目指す試みとして示されることになる。産業、保健、文化あるいは教育の場合がこれに当たる。新たな憲法は、EUから脱退する場合の方式についても規定している。その方式は厳密かつ厳粛なものである。しかし、どんな国であっても「より強化された協力」への不参加の意思を脱退の論拠にすることはできない。

新たな憲法のもとでEUはより効果的に、より民主的に運営されることによって、新たな活力を得ることになるだろう。今後われわれに合流しようとする国々を失望させることのない求心力を獲得し、これまで以上に必要となってくるEUとしての政策に真の内実を与えることになるであろう。

この活力は、EUの扉をノックする国々の熱意にブレーキをかけることはないだろう。新たな拡大が準備されており、それらの国々が実現に取り組むべき条件についてはすでに議論が始まっている。

第三章　将来の拡大

拡大に対する主要な懸念の一つは、ヨーロッパの境界線がどこで止まるのかという点にある。今回の第五次拡大が最後ではない。

まず、すでにコペンハーゲンEU首脳会議において、今回の拡大に加え、このまま行けば二〇〇七年一月一日には正規にブルガリアとルーマニアも含めると、宣言されている。次に、西バルカン諸国は、地理的に大陸ヨーロッパに属しており、この大市場に参加しないということは想像しがたい。ついにトルコは「ヨーロッパ的資質」と二〇〇五年の秋に加盟交渉を開始する権利とを認められた。ここで、ヨーロッパの境界線の問題が提起されてくる。それに対して世論はきわめて敏感である。

I　ブルガリアとルーマニア

ブルガリアとルーマニアに関しては、二〇〇四年十二月十六日と十七日の欧州理事会において十二月十四日に終了した三一項目に関する両国との交渉を完了すると確認した。両国に対しては司法制度の改革のさらなる努力が求められ、ルーマニアに対しては環境と競争力に関するアキの一層の確立が留保されている。EUは、ブルガリアとルーマニアが二〇〇七年一月一日には加盟できると確信している。

それゆえ、コペンハーゲンEU首脳会議は、これら二カ国へ加盟前援助額を大幅に増加することを決定（二〇〇四年に二〇パーセント、二〇〇五年に三〇パーセント、二〇〇六年に四〇パーセント）したのである。二〇〇四年から二〇〇六年までに供与される支援金の総計のうち、おおよそ一二億ユーロがブルガリア、二八億ユーロがルーマニアへ向けられている。

欧州委員会は、二〇〇五年二月二十二日にブルガリアとルーマニアのEU加盟について好意的な見解を出している。同年四月十三日に欧州議会から賛成の見解表明が出され、引きつづき四月二十五日の調印と同じ日に理事会の決定が行なわれた。

加盟条約は既存加盟国と新規加盟国によって批准され、二〇〇七年一月一日から発効する。

1　ブルガリア

地理的にはヨーロッパの辺境に位置するため、ブルガリアはスラヴ、ビザンチン、ギリシア、ロシアおよび西欧の遺産を受け継いできている。ビザンチン時代に続くトルコ支配の期間が終わると、ボリス一世とその息子シメオン一世が八六五年にブルガリア国を建国する。九二五年にシメオン一世はギリシアとブルガリアの皇帝であるとの宣言を行なった。その後モンゴルの侵入を受けた。そしてブルガリアは一三九六年にその後五世紀も続いたオスマントルコの支配下に入ったのであった。

ブルガリアは、露土戦争の結果、締結されたサン・ステファノ条約により、一八七八年に独立国として再生する。サクス・コブルク家のフェルディナンド一世は、一九〇八年の青年トルコ党革命に乗じてツァーリを名乗った。ブルガリアは第一次バルカン戦争でギリシアおよびセルビアの側について、オスマントルコに勝利したが、運の悪いことにすぐに同盟諸国に反旗をひるがえした。一九一九年のヌイー条約によってブルガリアはエーゲ海への出口を閉ざされ、領土の一部も割譲された。第二次大戦においては、敗北した陣営に味方し、その結果、ソ連による占領を受け、共産主義政権がそれに続いてもたらされた。

悲劇的な運命と言うべきか、地理的必然であったと言うべきか、しかしいずれにせよ、この国独自のやり方で、つまり微妙な陰影を伴いつつも自由陣営に加わるにいたったのは事実である。一九九〇年に大統領として、野党の党首であるジェリュー・ジェーレフが選ばれたが、国会で多数派を占めたのは旧共産党勢力であった。その後の移行期には長く何回もゆれ戻しが差し挟まれた。ブルガリア人は、あまりの行き過ぎを好まず、しばしば歴史に翻弄されてきた。多くの躊躇を経たとはいえ、改革は進みつつある。

ブルガリアは、たいへんな勇気をもって欧州に向けた歩みに取り組んできた。サクス・コブルグ・ゴツキ家のシメオン元国王を首相に就けることで過去を清算し、未来を見据えているように見える。一九四七年に廃位された国王として六歳のときに国を離れた人間を議会与党の長として選出したことによって、彼らがいかに幅広く自由を行使しうるかを示したのであった。安定した民主的な制度を備えたブルガリアは、一九九六から九七年の重大な経済危機から立ち直り、EUの陣営に加わるために、改革のリズムを加速しているところである。

この努力は成功をもたらしている。当初は加盟交渉から除外されたブルガリアは、ほかとは三年遅れの二〇〇七年になるものの、最終的に「新規加盟国クラブ」への入会を認められたからである。困難で辛い歩みにさらに取り組まなければならない。たとえば、コズロドイの原子力発電所の安全性向上対策を実施し、その後廃炉にすることをEUは望んでいるが、この発電所はこの国の電力の大部分を担っている。この問題は重要な内政問題となっている。だが最終的には、問題の解決は徐々に進められている。ブルガリアにはまだなすべき課題が多くあるが、アキの総体を受け入れる強い意志やその進展の度合いから判断して、EUはブルガリアに対して門戸を開いている。

2 ルーマニア

ルーマニアの歴史は、確かにその国土、文化、またその人民宮殿のように広大である。ニコラエ・チャウシェスクによって作られた人民宮殿は、ブカレストの旧市街地区全体を破壊して建設されたものであり、あまりにも巨大であるため、どのように利用すべきかわからないほどである。一九六五年から八九年までルーマニア人を圧した恐るべき独裁政治は、残念ながら他に例を見ないだろう。ルーマニアはそこから辛うじて立ち直ったところである。その他の時代の歴史についても留保を付けざるをえないだろう。とくにアントネスクの独裁時代がそうであり（第二次）大戦のあいだ、ドイツ側と同盟を結んだのである。しかしワラキア、モルドヴァ、トランシルヴァニアの歴史はまさに中欧の歴史と密接に結びついている。それゆえ、ルーマニアは戦争を重ねてきたが、また人種の混合に満ちた国であるのだ。

ルーマニアが国としての体裁をととのえたのは一八五九年のことにすぎない。第一次世界大戦の前夜には、バルカン諸国のなかの主要列強となっていた。一九一九年のサンジェルマン条約において、人口と国土は二倍になった。そして第二次世界大戦によってその大部分を奪われたのである。

ヨーロッパのこの地域では、マイノリティーと国境線の移動の問題が多数にのぼるため、ルーマニアとその近隣諸国は、ＥＵに入るために、国境線の不可侵を保証する一連の二国間条約を締結する必要があった。

フランスにとっては、ルーマニアはつねにフランス人の心の一部であった。もちろん、理由は言語である。モリエールの言語（フランス語）に近い言語をもつルーマニア人は、フランス人に対して好意を抱いている。ルーマニア人はラテン性を誇りとしており、フランス人もそれに心を配っている。われわれの文化は身近なものであり、われわれの芸術家もそうである。ウージェーヌ・イヨネスコは一九七〇年にアカデミー・フランセーズに入ったし、エミール・シオランやミルチャ・エリアーデはパリにその大きな才能の活躍の場所を見出している。フランスにおいて、簡潔さの彫刻家、それゆえ事象の深遠を極めた彫刻家であるコンスタンティン・ブランクーシを知らないものがいるだろうか？　バイオリン演奏家ジェオルジェ・エネスクを知らない音楽愛好家がいるだろうか？　彼はなにはともあれイェフディ・メニューインの師匠でもあるのだ。また、カルパチア山中の城に住むというドラキュラ伯爵（ワラキア大公）は、ヨーロッパのすべての子供たちの心を震え上がらせたのである。

ルーマニア文化は、そこに住む人びとの魂の一部であり、フランス人はそれを愛している。だが、経済的には現実は困難な状況にある。多くの努力にかかわらず、二〇〇四年に新規加盟国の一員としてすべりこむことはできなかった。既存加盟国は、彼らの前進に留意し、加盟レースへの参加を最終的に認めることにした。ＥＵ基準に合わせて行政、司法、経済を再編するためには多くの仕事が残されている。しかしルーマニア社会の驚くべき変化は、ＥＵ当局の内部でも認めるところである。

Ⅱ　西バルカン

十四世紀の終わりからトルコの影響下に置かれた西バルカン諸国は、オスマントルコ帝国と西洋の諸帝国の軋轢の場となった。ヨーロッパの東端の半島は、十八世紀になってキリスト教ヨーロッパ世界を再び見出すことになったが、ありとあらゆる戦争の舞台ともなった。露土戦争（一八七七～七八年）、希土戦争（一八九七年）、バルカン戦争（一九一二～一三年）、および二つの世界大戦はここを戦略上の要所とし、血塗られた土地としたのであった（ダルダネルス海峡、セルビア、マケドニア、一九四〇年～四一年のバルカン作戦）。この地域における最近の民族紛争の残忍性とその時代遅れな性格、そして一九九九年の戦争は、世界とヨーロッパに強烈な印象を残した。それらの戦闘によって国は荒廃し、現在、復興という課題に取り組んでいる。

国際社会の関与は平和をもたらすのに遅ればせながら成功した。NATOや、米国、およびEUは、まず武力でもって、そして次に経済的手段をもって、平和の回復という賭けに勝ちつつあるようにみえる。それらはしかし依然としてもろいものであり、強力な派遣部隊の駐留がなければ、紛争が再燃すると考えられる。いま、これらの国々を援助し、その経済の運営を回復し、それにより和平協定が決定的に根づくようにさせることが必要である。この近代化は、EUへの加盟の見通しを公にし、これを目標とするものである。

欧州委員会は一九九九年に、当時はEUと何ら国際法上の結びつきのなかったバルカンの五カ国（アルバニア、マケドニア、ボスニア＝ヘルツェゴヴィナ、クロアチア、セルビア＝モンテネグロ）と安定化・連合協定を締結した。新たな制度が設置された。それはCARDS計画（復興、民主化および安定化のためのEUによる支援計画）と呼ばれ、二〇〇〇〜二〇〇六年について四六・五億ユーロの予算が計上された。この協定が規定しているのは、この地域との貿易経済関係の発展、またこの地域の諸国内における、民主化・市民社会・教育・機構整備への支援、司法・内務分野での協力、政治対話の促進である。

すべてが成就されるべき課題である。今後の加盟を目指すバルカン五カ国にはとくに改革のために多大な努力が必要である。

この地域は一九九九年六月にケルンで採択された、南東欧安定協定の適用を受ける。この協定は、地域の平和、安定、善隣友好、民主主義、マイノリティーと人権の尊重、難民の帰還、経済の繁栄、を目的としている。この協定には、EU加盟緒国、欧州委員会、南東欧地域一帯の諸国（アルバニア、マケドニア、ボスニア＝ヘルツェゴヴィナ、ブルガリア、クロアチア、ハンガリー、モルドヴァ、セルビア＝モンテネグロ、ルーマニア、スロヴェニア、トルコ）、第三国（米国、カナダ、ノルウェー、日本、ロシアおよびスイス）および国際機関が参加している。

この地域の国民の大半は民主主義へ向けた変化を強く望んでいる。二〇〇〇年はこの観点から見てバルカン諸国における転機の年といえる。

——クロアチアで、一月に、野党候補者スティエパン・メシッチが勝利し、フラーニョ・トゥジマンの後継となる。

——九月二十四日、セルビアの選挙において、民主派が勝利し、スロボダン・ミロシェヴィッチが政権から追放され、その後さらに、国際刑事法廷へ移送された。

——十月末に、コソヴォの地方選挙でイブラヒム・ルゴヴァが勝利した。

——十一月に、EUとバルカン諸国間の接近への強い意思と、政治対話の象徴となったザグレブ首脳会議が開催された。

そのほか引きつづき起こったいくつかの大きな出来事が、この地域の安定化に貢献している。

――二〇〇三年二月五日、セルビア＝モンテネグロ連合の発足、新ユーゴスラヴィア連邦の消滅。

――二〇〇三年二月十三日、欧州委員会とアルバニアのあいだでの連合・安定化協定の交渉開始。

――二〇〇三年二月二十一日、クロアチアのEUへの公式加盟申請。

――NATOから任務を引き継いだ欧州平和維持部隊のマケドニアとボスニアへの参加。

マケドニアは二〇〇一年四月九日に連合・安定化協定を締結したのち、二〇〇四年二月二十六日にEUに加盟申請を提出した。

アルバニアは、この地域でおそらく最も共産主義と独裁体制の被害を受け、想像をこえる孤立と閉鎖のうちに長いあいだおかれていたが、二〇〇三年二月十三日に連合・安定化協定に向けた交渉に入った。

セルビア＝モンテネグロ、二〇〇三年二月五日にEUによって強制され、いずれは分離することになるこの二国間連合国家は旧ユーゴスラヴィアの国際的に認められた後継国である。モンテネグロが独立するようなことがあれば新たな紛争が生じると懸念したヨーロッパの当局者たちが、現状の凍結を望んだからであった。モンテネグロはヨーロッパに統合されれば、自分たちも独立できると期待している。

新たな国家は二〇〇三年四月三日に欧州評議会の一員となった。

しかしながら、この地域の安定化と民主化のプロセスは依然として脆弱なものである。組織犯罪と汚職は根絶されなければならないし、なすべき仕事は依然として多くある。

二〇〇二年十二月のコペンハーゲンEU首脳会議は、西バルカン諸国がいずれEUの一部となるべきということを確認した。二〇〇三年六月二十一日のテサロニキEU首脳会議で、EU首脳は、「西バルカン諸国の前に広がった展望に対する明確な支持」を改めて打ちだしている。連合・安定化プロセスを通じたEUへの歩みは、クロアチアによって加盟申請が出されるところまできた。だがその一方で、ヨーロッパの境界線の問題も提起されている。

1 クロアチア

クロアチアは、二〇〇三年二月二十一日に公式なEU加盟候補国となるべく申請を行なった。二〇〇三年六月十七日と十八日の欧州理事会はそれを承認した。

クロアチアの経済は拡大の一途を辿っている。国民一人当たりのGDPは五〇〇〇ユーロをこえ、成長率は五パーセント、インフレ率は三パーセント以下、観光業は飛躍しつつあり、年間の観光客数は七〇〇万人を上回っている。ダルマチアの海岸は世界有数の景勝に富んだ海岸である。一一〇〇以上の島々が自然公園として保護されており、魅力的な海岸線に沿ってロザリオのように点々と連なっている。リスボンの万国博覧会におけるアトラクションとして、クロアチアのパビリオンでは、地上の楽園のようなそれらの島々を鳥瞰した映画が上映された。

政治的な側面では、コペンハーゲン基準を満たすような明白な進歩が、とくに司法改革や、法治の強化のための法整備の面で認められる。クロアチアの新憲法は、ヨーロッパの規範に従ってマイノリティーの権利を保障している。

クロアチアの法制度の調和措置は二〇〇一年に着手され、着実に進められている。クロアチアは激動の過去と決別することを望んでいる。

クロアチアは、「スラヴ諸国のなかで最もラテン的な祖国」であるとクロアチア人自身が定義しているように、波瀾の歴史を経験してきている。

イリリア人が住んでいた現在のクロアチアの地域は、紀元一世紀にはローマ人によって支配されており、その後六世紀にスラヴ人の手に渡った。十二世紀になってハンガリー王がクロアチア国王になると宣言され、国の北部（スラヴォニアと北部クロアチア）はハンガリー王国へ併合された。十五世紀の初めには、ダルマチア沿岸地域は四世紀にわたりヴェネツィア共和国領となった。その後一八〇九年から一四年までイリリア地方はナポレオンによりフランス領とされ、その後第一次世界大戦までオーストリア帝国に併合されていた。

クロアチア文化は豊かである。クロアチア人はラテン文字（アルファベット）、都市計画、地方政府行政機構、民主制、そして三世紀にこの地方に伝播したキリスト教を経験した最初のスラヴ人であった。中世においては、ベネディクト会が修道院を設け、みごとな記念建造物を建築している。ビザンチン文化の強烈な刻印はイストリアのポレッチの教会建築に象徴されている。

そこにはエウフラシウス（六世紀）のバジリカ聖堂があり、そのモザイクのすばらしさにおいては、同じ六世紀のユスティニアヌス時代と同時代のラヴェンナの作品に比肩する。

クロアチア人は古典的な文化伝達の方法である書き言葉を愛している。彼らは九世紀には、スラヴ人のキリスト教への改宗を容易にするためにグラゴール文字のアルファベットを考案したりもしている。十九世紀の中頃まで、ラテン語はサボールと呼ばれるクロアチア議会での公用語であった。クロアチアの第一級の学者たちは、ヨーロッパの中心にある大学で知的生活を送った。イタリアが主であったが、パリでもユーライ・スラヴォニエ（スラヴォニアのユーライ）、ヘルマン・ダルマティナツ（ダルマチアのヘルマン）らが教鞭をとった。マルコ・マルリッチはクロアチア文学の父であり、エラスムスの友人でもあり、十五世紀におけるクロアチアで最も高名な著述家である。ユーライ・ダルマティナツ（ダルマチアのユーライ）〔建築家〕、フラーニョ・フラニャニン〔彫刻家〕、アンドリーヤ・メドゥリッチ〔画家〕、ブラズ・ユーリエフ〔画家〕およびユーライ・クリノヴィッチ〔画家〕の作品は、クロアチア文化がいかに活力にあふれているかを表わしている。

しかしながら、クロアチアの地におけるオスマントルコとキリスト教諸国軍によってもたらされた果てしない戦いは、文化的な観点からは悲劇的なものであった。クロアチア人がはじめて近隣スラヴ人と結束したのは十世紀になってユーゴスラヴィアとしてであった。ユーゴスラヴィアはまず王国としてセルビア王家のもとで中央集権化された。クロアチア人はそれに対してあらゆる手段を使って抵抗してゆくことになる。「ウスタシャ」のテロ活動もその一環であり、ついで、一九四五年以後、ユーゴスラヴィアは六つの共和国からなる人民連邦となり、クロアチア出身の共産主義者ティトーによって率いられた。最初の自由選挙が一九九〇年に行なわれ、フラーニョ・トゥジマンが大統領となった。一九九一年にクロアチアは独立宣言を行なったが、これがセルビア人コミュニティーとの激しい戦いを誘発、ついでユーゴスラヴィア連邦軍との戦いとなった。セルビアの激しい軍事攻勢によって、国土の四分の一の喪失、一万五〇〇〇人の死者、数十万人の難民、および莫大な破壊という代償をともなった。

一九九二年一月に、クロアチアの独立は国際社会から承認され、国際停戦監視団（UNPROFOR）が派遣され、交戦国を引き離した。一九九五年にクロアチア軍は、セルビア人住民が独立共和国を宣言していたクライナを取り戻すと、ボスニアとの戦闘協力をはじめた。占領されていた五パーセントの国土（ドナウ川流域の東スラヴォニア）が一九九八年一月に平和裡に統合された。クロアチアは一九九五年にデイトン・パリ協定にサインし、トゥジマンが大統領に再選された。

クロアチアは復興のための遠大な計画に取り組んだ。破壊された建築物の半数がほとんど国際援助なしに再建された。復興作業は二〇〇六年には完了するであろう。また政府は連合・安定化協定の実施への堅い決意を示している。クロアチアはEUへの統合に向けた野心的な計画を二〇〇二年十二月に採択した。それは五つの分野の法制改革からなる。政治、経済、法律、行政能力の強化、世論対策のための広報戦略、である。そのために八三件の法令の採択を予定している。

一九九一年と二〇〇一年のあいだに、クロアチアは四・八八億ユーロをEC／EUからの支援金として受け取っている。二〇〇一年にはCARDS計画の一環として六〇〇〇万ユーロ、二〇〇二年には五九〇〇万ユーロ、二〇〇三年には六二〇〇万ユーロが供与されている。クロアチアは一国でバルカン地域のGDPのほとんど半分を占め、また外国からの投資額の半分をしめており、一人当たりの所得は近隣諸国の平均の二倍以上に達している。

EUに対する世論の態度はきわめて肯定的である。地域諸国間の平常の接触の頻度は増大し、内容も拡大している。国境の管理、汚職対策、二重国籍、難民の帰還、年金と社会保障の権利、経済協力の分野で多くの二国間協定が結ばれている。

しかし、二〇〇四年十二月の欧州理事会で承認された加盟交渉は、二〇〇五年三月十七日に開始される予定であったが、延期された。旧ユーゴスラヴィア国際刑事裁判所との協力が満足すべきものでないと判断されたためである。ヨーロッパの人びとはクロアチアの将軍アンテ・ゴドヴィナはハーグの裁判所に召喚されるべきと考えている。

バルカン諸国の安定こそがかれらの欧州への回帰の条件である。この地域のすべての国はすでに欧州評議会に加盟しており、同盟国として人間と自由の尊重を保障する最低限の法律の集成を受け入れている。ここ最近の二年間は、欧州の諸機関との接触が加速している。バルカン諸国において、ヨーロッパとは平和と繁栄を意味している。それは、バルカン以外でも同様である。それゆえこれが将来の拡大という問題を提起する。

2 ヨーロッパの境界線問題

ヨーロッパ・コンヴェンション（欧州協議会）の議長である、ヴァレリー・ジスカール＝デスタンは二〇〇二年の十月に、EUの拡大に限度を設けるべきだと発言し、外交辞令を覆すことさえ躊躇しなかった。さらに、公式の加盟申請国として最も古株のトルコについてはEUの構成国とはなりえないと言い放った。

このように彼はヨーロッパの境界の問題を乱暴に提起した。彼、また他の多くの人びと、とくに強力に統合されたEUにしたいと考える人びとは、境界線を定めないかぎり政治的主体としてのヨーロッパの構築はできないと考えている。それは現在のEU市民が違和感なく、また積極的に認め、受け入れた境界である。

境界が意味することは自明と見なされている。同一の価値観を共有し、その価値を守り、また共通の出費を管理する基本共同体の境界線である。「ヨーロッパの境界」をさがすことは、とりもなおさず実用的な言葉を援用しているわけであるが、この語はEUを通じて建設してきた成果以上に、われわれの大陸の暗い過去を呼び起こす。

厳密かつ地政学的な意味では、境界（国境）は、主権のおよぶ範囲を画し、共同体のアイデンティティや、近隣諸国との友好関係、あるいは敵対関係を定義する境界線である。国境（la frontière）という語の起源はギリシア語の「horos」（都市国家領土の政治的な境界線）であり、フランス語ではむしろ地平線（l'horizon）を思い起こさせるが、国境（la frontière）は「front（戦線）」の女性形に由来している。ヨーロッパが近隣諸国と維持しようとする平和的建設的な関係とは両立しがたい言葉なのである。

「国境という問題は存在しない、国境の周辺の国々と人びととの関係の問題しかないのだ。」と地理学者ミシェル・フーシェが述べている。われわれが関心を寄せるのはまさにその点である。国境がやすやすと越えられる現代において、この定義はきわめて正確である。国の境界はすでに防護となるものではない。そのうえ、国境の概念が国家の概念に準拠するのに対し、EUははまだ「連邦制超国家」ではない。

しかも、「ヨーロッパの国境の問題」は大陸の最近の歴史に照らしても特別にデリケートな問題である。「国境」それは「排他的」である。絶えまない戦争に深く影響されたヨーロッパの共同無意識のなかで、国境という言葉は言外に、その向こう側では将来の敵が軍備を整えているということを暗示している。だが、ヨーロッパの統合構想は政治分野に着手するところにまで達しているのであるから、この問題に解答を与えないままでいるわけにはいかないであろう。

「ヨーロッパはどこまでなのか」は、とくに加盟希望国の多さに鑑みれば、まぎれのない関心事となっている。この妥当にして健全な問いは、いまや中心的な問題となっているが、EU諸機関はそれに対して現在にいたるまで、際限のない拡大という行政の力学のほかに解答の手段を見出さないままできた。

哲学者や歴史学者は、ヨーロッパの地理的な境界についてほとんど疑問をはさんでいない。彼らにとって、ヨーロッパの境界は一般的に言ってEU二五ヵ国構想と一致しているからである。彼らはおおむねヨーロッパの過去、文化、宗教を論じたて、十七世紀にヨーロッパが停止したところでヨーロッパが止まるという、アラン・ブザンソン〔歴史学者〕の考えに同意する。これはすなわち、ヨーロッパが、別の文明、異質な体制、自分が必要としない宗教と出会った場所ということになる。彼ら〔哲学者や歴史学者〕は、十世紀までに「キリスト教世界」がラテンカトリックのなかに具現されたという考えを共有している。「キリスト教世界」の概念は、ポワティエにおけるカール・マルテル、ついでシャルルマーニュ（大帝）の勝利と同じころに出現した。この世界は十七世紀まで封建社会を特徴とする。人文科学、ガリレオ科学やニュートン科学および百科全書を生みだしたヨーロッパは、ついで固有の文明としての特徴を示し、産業革命とともに勝利したのである。ジャン・ファヴィエ〔歴史学者〕は、巡礼こそがヨーロッパ精神の殻を破り、ヨーロッパ人のあいだの交流の場の創造に貢献してきたと示唆している。またすべての歴史学者は、十四世紀から大陸に展開された大学ネットワークの役割を特筆することに賛同している。ジャン・ベシュレル〔歴史・地理学者〕は、ヨーロッパの政治的な構造を、いわば多極的な性質を有する一つの総体として定義している。そこでは人びとの多様性に慣れ親しみつつも、最終的には同一の基本的な価値観を共有している。歴史学者の仕事の大多数は、ヨーロッパ固有のアイデンティティの根源について明らかにしたものである。それはグローバリゼーションのこんにち、従来以上に鮮明になっている。歴史学者にとって、共同体建設に加わる国々とはこのアイデンティティの継承者を意味している。

フランスの世論は、新規一〇カ国の加盟に対してあまり熱狂的でないとしても、それを自然であると見なし、心情的にも当然であると考えている。フランス人はおおよそ歴史学者の見解を共有しているのである。今回のヨーロッパの再統合は歴史的、文化的な理由から、また大きな宗教的な問題を引き起こさないことから受け入れられた。二〇〇四年五月二日の時点で、ＥＵの東方境界がまさにゴシック芸術が広がった範囲にぴったりと一致することは事実である。

地理学者といえば、哲学者や歴史学者ほど直裁的ではないものの、異議を唱えがたい大陸的な定義をヨーロッパに与えている。「ヨーロッパとは世界の五大州の一つで、北側は北極海に、西側は大西洋に、南側は地中海とそれに連なる内海それに伝統的にカフカス山脈、東側はカスピ海とウラル山脈に囲まれている。その面積はおおよそ一〇五〇万平方キロメートル、人口は七億一五〇〇万人（ヨーロッパ人）である」（ラルース『ビブリオロム事典』）。

しかし長いあいだ、「ヨーロッパ」と「西洋」は、大陸に住む住人の心のなかで混同されていた。ロシアの西洋化運動はその一つの証拠である。この運動は、発見と進歩の価値を具現していたヨーロッパを指向するものだった。しかるに、ピョートル一世の御用地理学者であるタティシェフはぬかりなくヨーロッパの地図にウラル山脈までのロシアをふくめて描いた。グルジアとアルメニアの地理学者は十世紀に、ヨーロッパの南境はすでにカフカスを含むことを、既成事実としていた。ヨーロッパ大陸は実に大西洋からウラルまで、バレンツ海から黒海まで広がっていた。

第二次世界大戦後、EUの統合運動によって回復した経済の急速な発展を考慮して、近隣諸国のほとんどが組織された欧州、すなわちEUに加盟を希望し、すでに欧州評議会には加盟している。

ロシアのピョートル一世あるいはエカチェリーナ二世は、つねにヨーロッパに目を向けていた。ピヨートル一世は軍事技術を獲得し、ヨーロッパ随一の強力な軍隊をつくりだし、エカチェリーナ二世はロシアに芸術、そして多くの芸術家の来訪によって文明をもたらした。こうして十八世紀のはじめには、ロシアはフランス革命後も旧体制を維持し、排他的で民族主義的な宗教を擁し、ヨーロッパの一部のような印象をあたえるにいたった。途中に押しはさまれた長い共産主義の時代（七五年間）を除外すると、ロシアはつねに汎スラヴとヨーロッパ志向のあいだを揺れ動いてきた。ロシアの欧州評議会への加盟とウラジーミル・プーチンの方針は、中国の覚醒をきっかけとして、ヨーロッパと運命をともにする意思を表わしているように見える。

トルコ人もアタテュルクによって同様なことを行なった。アタテュルクは次のように宣言した「西洋こそが文明を代表するものである」と。彼は自分の言葉をまっとうして、強引かつ強権的なやりかたでトルコの西洋化を行なった。軍隊は西洋化の保証であった。この点は現代もかわらない。ウクライナでは、二〇〇四年十一月の平和的な革命によってモスクワに支持された旧共産党員による政権が樹立されたが、すぐにEUへの加盟希望が表明された。十二月二十六日大統領に選出されたビクトル・ユーシェンコは二回の選挙のあいだに、新たなウクライナに「加盟の展望を指し示してほしい」との感動的な呼びかけを欧州理事会に対して行なった。その回答ははっきりしたものであった。

「EUは、隣人でありEUの重要なパートナーであるウクライナの戦略的な重要性を理解している。

ＥＵとウクライナの政治的・経済的および文化的な関係の強化は相互に利益をもたらす。欧州理事会は、近隣ヨーロッパ政策によって得られる新たな可能性を充分に享受しながらウクライナが望む唯一無二の関係強化を目指すことを宣言する」（二〇〇四年十二月十六日〜十七日、欧州理事会声明）

モルドヴァも現在の体制やドニエストル地方の分離問題という課題をかかえていて、ＥＵ加盟の魅力から免れているわけではない。二〇〇五年四月四日の選挙で再選されるために、ウラジミール・ウォロニンはモスクワと手を切り、ＥＵへの加盟を目指すことは「ヨーロッパとの一体化が最も重要なことである」として躊躇しなかった。

ＥＵは多くの国々を引きつけている。なぜならＥＵはヨーロッパを具現しており、ヨーロッパはさらには西洋を代表しているからである。ヨーロッパとは平和と安定であり、すなわち繁栄でもある。政治空間のなかにおける統一こそが、世界のなかで各国のアイデンティティを尊重し、権利が力にまさるという国際関係における多国間概念を推し進めることができるのである。すべての者にとって承認できうるヨーロッパの地図を描けるだろうか？　外部の境界を固定できるであろうか？　それも一連の国々を除外することなしに、そしてこれらの国々と対立し合う民族主義という従来のような論理に陥ることなしに？　こうした論理が多くの誤りをわれわれに犯させたものであり、われわれがみずから捨てたものであったはずである。

ヴァレリー・ジスカール＝デスタンとコンヴェンション（欧州協議会）が準備した将来の欧州憲法と同様に、あらゆる欧州条約の冒頭に掲げられているのは「欧州連合はその価値観を尊重し、これを共同で推進しようとするすべてのヨーロッパの国家にひらかれている」である。

地理的な基準がそこには明確にうたわれている。地理的空間に属しない国はEUには加盟できないということである。

だが、ロシア、ウクライナ、ベラルーシ、モルドヴァはヨーロッパの一部なのであろうか？それに、トルコはヨーロッパに属しているのであろうか？　トルコ自身は属していると明言する。ヘロドトス、すなわちハリカルナソス（現在のボドゥルム）のヘロドトスと呼ばれた古代の哲学者や、政治家らがトルコの地に生まれ、生きたことをトルコは指摘する。一方、他の者はもっと単純にトルコの人口のほとんどが領土のアジア側に住んでいるではないかと反論する。また、ダルダネルス海峡とボスポラス海峡がヨーロッパとアジアを分かち、さらに、長いあいだヨーロッパに敵対していたイスラム軍はオスマントルコではなかったかと主張する。

これらすべての問いかけからわかるように、トルコ問題は最も今日的な問題となっている。トルコは真にEUに参加することを望んでいる。

III　トルコのケース

加盟候補国トルコはEUに決断をせまり、EUを分断させている。トルコは地理的にヨーロッパに位置していないからである。また欧州理事会はいくつかの条件を留保しながらも、二〇〇五年十月五日に加盟交渉を開始することを決定したからである。

1　トルコがEUのうちにあるべきかをめぐる議論

この問題は経済、人口上（七〇〇〇万人）の理由と同じく文化、宗教（ヨーロッパにおけるイスラム国家）、さらには、政治、戦略上（NATOの加盟国、イラクに隣接する中東の地域大国）の理由からして一大事である。

いまから四〇年以上も前から、トルコはEUへの加盟の長い道筋を歩みはじめた。実際には、第一次世界大戦後、ムスタファ・ケマル将軍、通称アタテュルクが政教分離の国民国家を一から建設した。トルコ人の目には西洋が「現代文明」と見えていたのである。

この革命はトルコを強力にし、繁栄させた。トルコの人口のうち、かなりの部分がわれわれの経済に貢献している。ヨーロッパ諸国とトルコを結びつけている経済関係は緊密である。一九九五年から「関税同盟」を締結しているほどである。並行して、外圧によってしか期待することができなかっただろう人権状況の改善も進んだ。ヨーロッパの求心力のおかげである。死刑は廃止され、法律と憲法は改革され、マイノリティーの権利も実定法にくみいれつつある。

依然として成すべきものが多くあるにしても、トルコの女性は一九三四年から選挙権を行使している。それはフランスより一一年も早く、ベルギーとくらべると一四年、さらにギリシアとくらべると一八年、ポルトガルとくらべると四二年も先んじていた。さらに、トルコは軍事的に見ると西側であり、冷戦のあいだ、欧州の安全保障に大きく貢献した。ヨーロッパの影響下、トルコは前進してきた。その最大の受益者は国民である。これが、三〇年以上のあいだトルコに加盟を期待させることになるまでに、ヨーロッパが彼らに対して行なってきた門戸開放政策の真の理由である。

トルコの住民は一〇〇〇年にわたる人種の混淆の結果である。トルコ人の起源は中央アジアにあり、アラブ・イスラム文明の絶頂期の七世紀にアラブ人と接触した。トルコ人は十世紀からイスラム教を受容した。十一世紀にアナトリア半島に進出し、最初のトルコ人国家、セルジュクトルコ帝国を打ち立てた。一四五三年に、コンスタンティノープルを陥落させ、オスマントルコ帝国は絶頂期を迎える。その首都は現在のイスタンブールである。この帝国の領土はアナトリア半島の全土をおおい、イラク、シリア、レバノン、さらにアラビア半島の大部分と、エジプト、リビア、チュニジア、およびアルジェリアまで広がっていた。

オスマントルコ帝国は第一次世界大戦ではドイツ側について参戦し、敗戦後連合国に占領された。アタテュルクと呼ばれたムスタファ・ケマル将軍は、アナトリアを拠点に民族国家を建設することを企て、独立戦争に勝利した。一九二四年のローザンヌ条約の調印によって西欧諸国からトルコ共和国が正式に承認されたのである。それから、共和国時代がはじまる。前例のない特異な期間である。抜本的な変革とトルコ国民の変容の期間である。ムスタファ・ケマルは宗教法（シャリーア）をすてて西欧化政策を断行し、ヨーロッパ法を翻訳して採用した。ある日突然、一夫多妻、トルコ帽、チャドル（黒い外衣）の着用が禁止された。彼は、同じようにして、新たな国語、スイスの民法、イタリアの刑法、フランスの公法、ドイツの商法を強いた。トルコ人は民法上の結婚を行なわなければならなくなった。男性と女性のあいだの平等が認められた。義務教育となった学校は共和主義的価値観の尖兵となった。ラテン文字が採用された。毎週の休日は金曜日のかわりに日曜日となった。昔の尺度はメートル法におきかわった。一九三八年にアタテュルクは没したが、その後継者は西洋へ向かってのトルコの歩みを変えることはなかった。

第二次世界大戦後、スターリンがボスポラス海峡と、ダルダネルス海峡の通行権を要求したとき、トルコは非同盟の立場をすて、西欧側へ歩み寄る意思を示したのである。トルコはNATOの加盟国となった。さらに、トルコは欧州評議会の創立加盟国でもある。

トルコは、一九六四年のアンカラ条約によってEUの「連合国」となっている。この条約の二八条では、三〇年にわたってトルコがEUに対して適応と法制調和を行なう期間を与えられ、最終的な加盟を果たす可能性も規定されている。トルコ政府にとって、これは、すでにヨーロッパとしての資質の承認と容認の証拠である。さらに、関税同盟条約が一九七三年から九五年のあいだに調印され、EUとの結びつきを強めている。トルコ政府は一九八七年に公式の加盟申請を提出した。

トルコに候補国としての公式な地位を与えるという、一九九九年に加盟国政府首脳によってヘルシンキでなされた決定は、トルコに、民主化に向けた一連の基本的改革を進めるよう促した。二〇〇一年には、憲法改正により、基本的人権と自由の分野での保障が強化されることになった。新たな民法が採用され、六つの改革「パッケージ」が二〇〇二年二月から議会の採決にかけられている。二〇〇二年八月の改革では、平時における死刑の廃止、南部と東部の二地域にしかれた非常事態の解除、教育および放送のマイノリティー言語とくにクルド語への開放に関するものである。メディアに対する監視の撤廃、表現の自由のよりよい保障もされるべきである。さらに、欧州拷問禁止委員会からのいくつかの勧告もなされ、実施にうつされている。司法制度の改革も引きつづいて行なわれている。

トルコは、将来性ある真の市場経済の実現に向かって進んでいるが、トルコを根底から不安定にした最近の二つの金融危機の影響をまだ引きずっている。関税同盟でカバーされている分野では、アキ・コミュノテールの受け入れが少なくとも紙の上では済んでいるように見える。

長いあいだ、トルコの人びとは、ヨーロッパの統合構想に無関心であったが、加盟への望みは現実となり、生活の改善と経済成長とを望む庶民にも実感されるようになってきている。この願望は表現の自由の拡大への願望と一体となっている。最近の選挙キャンペーンでも、ほとんどの候補者（国粋主義運動である民族主義者行動党（MHP）をのぞいて）がEUへの加盟について明確に賛成を表明している。公正発展党（AKP）は選挙での勝利直後から、親ヨーロッパ的な発言を多く重ねている。世論調査は、EU加盟に対する賛成が一定して人口の六五パーセント以上あることを示している。

トルコの政治的、経済的、社会的な安定性は、その戦略的な位置からみてもEUにとって重要と映っているので、次のような疑問が提起される。ヨーロッパは地理的境界線を超えて拡大すべきであろうか？

この問いかけに対して、二〇〇四年十月六日の欧州委員会、同年十二月十五日の欧州議会、十二月十七日の欧州理事会の答えは肯定的なものであった。しかし、トルコの現状に対する多くの批判と、加盟を可能にするために満たすべき条件が提示された。

これに関する欧州理事会の公式論評は加盟国の深慮を示している。加盟国はトルコが準備できていないこと、加盟交渉を行なうには特別な制度が必要であることを認めていたが、大きな危機や改宗した新イスラム主義政府の鼻先で扉を閉ざすことを避けるために最終的にはトルコの圧力に屈したのである。欧州理事会は、加盟国民の明らかな意思とEUの目先の利益よりも一般的な戦略的展望を優先させたのである。

ヨーロッパは決断をせまられている。ジャン・クロード・カサノヴァ〔経済学者、パリ政治学院教授〕はどのように問われているかをみごとに定義している。「もし、人口も、地理も、文化的および歴史的アイデンティティも、さらにヨーロッパの相対的な特異性もが、政治的な統合を促していると考えるならば、ヨーロッパはそうした流れの決定的地点にいたったこと、その境界線の問題が中心的な役割を占めていることをはっきりと認めるべきである」。

2 分断されるEU

各国レベルにおいてもEUレベルにおいても、トルコ問題はきわめてデリケートである。トルコのEUへの参加にはグローバルな均衡や外交関係の面で多くの利点がある。トルコは政教分離のイスラム国家が西洋に居場所をもつことができることを世界に知らしめ、世界へ向けたメッセージとしての価値を持つだろう。EUは、以前から近代化のために奮闘し、それを進展させてきたトルコのエリートたちを鼓舞することにより、EUの南側においてきわめて強力な軍を備えた同盟国を確立でき、われわれの国の企業が進出し、ダイナミックに活動しているトルコの経済発展から利益を得ることもできるし、厳格主義の台頭によって荒廃していたかもしれない地域を安定化できるのである。これらがヨーロッパのトルコに対する政策が現在まで「あたかも」加盟が確実「であるように進められて」きた理由である。誰もが本当に確実であるかには半信半疑であるのだが。トルコはすでにEUの多くの作業（コンヴェンションなど）に加わっており、ヨーロッパのあらゆる組織のメンバーを構成している。しかしEUの大陸外への拡張はEUを攪乱させ、厳しく問いつめることになる。加盟の結果生じる人口上の不均衡が懸念されている。

ヨーロッパ市民がトルコに感じる文化的不調和が顕在化してきた。トルコにおけるイスラム厳格主義の圧力は、トルコがフランスとともにヨーロッパ唯一の政教分離国家であることを忘れさせてしまっている。

トルコはいままでコペンハーゲンEU首脳会議で規定された加盟基準が守られていないことを強調され、欧州委員会からいくつもの声明が発されている。二〇〇四年四月に欧州議会は、トルコは多くの点で進歩を示したが、まだ準備不足であるとして、二一一票対八八票で、加盟交渉開始の延期を要請した。軍を後ろ盾とした体制が民主主義を維持できるかという疑問がはさまれているし、人権が尊重されていないことについては頻繁に指摘されている。トルコ経済の実体としては、大きな格差があり、きわめて大きな不安定要因を抱え、EU市場とは両立不可能と断じられている。財政赤字はGDPの一〇五パーセント、インフレ率は四五パーセント、成長率は変動が激しい（たとえば、二〇〇一年にはマイナス七・五パーセント、二〇〇二年にはプラス七・八パーセント）。トルコ社会の現実は全面的かつ急速な変化の渦中にあるが、依然として強い民族主義に影響されており、欧州の価値観やその具体的表出（寛容さ、法治国家、人権の尊重、マイノリティーの権利の尊重）とは対立的である。

最後に、キプロスはトルコ軍によって部分的に占領されている。エルドアン政府の努力を見れば、キプロス問題の政治的解決の象徴的意義が理解されていることがわかる。しかし、国連事務総長の努力にもかかわらず事態には何の進展もない。

トルコ問題に対して政治的立場を明確にする動きは激化するであろう。なぜなら、EUはまだトルコの加盟という既定路線に関してなんの議論の口火も切っていないからだ。フランスとドイツにおいてはいくつかの重要政党が公式にトルコの加盟に反対であると宣言し、EUとの「特権的パートナーシップ」の締結を提案している。その背景にはヨーロッパ市民の態度の硬化がある。この立場はヨーロッパで徐々に共有されつつある。右派と中道の政党を束ねた主要なヨーロッパ政党であるヨーロッパ人民党はそのような主張を行なっている。

新規加盟諸国も現在のところまだ控えめな存在ではありながら、将来の拡大への「休止」に同意するだろう。

フランスの世論調査では、フランス人はきわめて強い拒否的感情をトルコの加盟に抱いており、この拒否反応は増大している。いくつもの政党と政治指導者たちはどんな手段に訴えてもトルコの加盟に反対するとすでに公言している。トルコ問題はおそからずフランスの内政に関わってくるであろう。ヨーロッパはいたるところ、トルコ問題で二分されるだろう。その解答がどうであれ、単純に現在までEU諸機関が与えてきた解答、すなわち、終わりのない加盟と限界が見えない拡大のメカニズムをそっくり踏襲することはできないであろう。

この問題にはまた米国も関心を抱いている。米国人はEUへのトルコの参加に賛成である。米国人にとって重要なのは、イスラムはアラブだけではなくて、必ずしも厳格主義につながるものではなく、西洋の原則と両立しうるという点を示すことである。

この地域での米国の政策にとって、トルコの加盟は成功例となる。彼らのイスラエル支持が引き起こしている悪評を緩和する方向に働き、ヨーロッパが繰り返すイスラエル・パレスチナ闘争の政治的解決という主張を弱めることになるからである。そのうえ、EUが余分な問題を「背負う」ことに米国人は不満はない。

ロベール・シューマンは記している。「われわれがヨーロッパを建設しなければならないのは、自由な地域の人々の利益のためだけでなく、東側の人々を迎え入れることができるようにするためでもある。その人々は現在まで被った隷属から解放されて、われわれに彼らの加盟と心の支援を要求しているのである。(中略)再構築された共同体に加わりたいと望むすべての人々を、我々は生きたヨーロッパの一部をなすものと考えている。(中略)われわれのはたすべき義務は準備をととのえることである」。彼は中欧を頭に描いていたのである。

ドゴール将軍の有名な表現、「大西洋からウラルまでのヨーロッパ」は、ヨーロッパがぴたりと閉じた国境線の後ろに立てこもった要塞ではなく、外に開いてゆく国の集まりの総体であるべきだと述べている。彼の地政学的な展望は、すでに共産主義の瓦解を先取りしていた。彼はロシアのことを考えていた。

EUは冷戦のあいだに建設された。できるだけ多くの国々をわれわれの側に引きつけることが重要であった。その必要性は米国とも共有されていた。そのときから、ヨーロッパ諸機関のすべての政策は、初期のロメ協定から、最近調印された安定化や連合協定にいたるまで、EUを民主主義と繁栄の陣営として「大陸の黄金の磁石」にすることを目指している。欧州評議会はその法務部門であった。一九五件の国際条約がそこで作り上げられ、われわれの重大な法原則(死刑の廃止、出版の自由、その他)の地理的な適用範囲を拡大してきたのである。

欧州委員会と欧州理事会は、むしろ経済・金融面の道具であったし、それはヨーロッパを超えて用いられてきた。近隣諸国が西欧のスタンダードを受け入れ、平和と繁栄の陣営を選択するためにわれわれは努力を重ねてきた。

二つのコペンハーゲンEU首脳会議を隔てる九年間〔一九九三年から二〇〇二年〕のあいだに、ヨーロッパの再統合を目前にしたEUは、みずからのためらいを改めるにいたった。こうしたためらいを実に具体的に示していたのが「欧州国家連合」を示唆するミッテラン大統領の発言であった。

確かに政治的にも道義的な理由によっても迅速に行動する必要がある。しかし、ヨーロッパ諸機関は勢いに任せて優遇を中欧旧共産主義国に対しても、トルコに対しても、とってきた。トルコの加盟希望は一九八七年に出され、一九九九年に「正式」に加盟候補国と宣言されたのである。二〇〇二年になって、加盟交渉に入るかどうか決定する期限が設定された。それは二〇〇四年十二月である。二〇〇四年に欧州理事会は「トルコは加盟交渉を開始するために、コペンハーゲン基準を充分に満たしている」と評価している。その期日は二〇〇五年十月三日と決められた。

明らかに、ヨーロッパ大陸の歴史の加速はトルコの利益となってきた。この問題は従来は外交の論理と対外政策に応じて提起されるのみであった。「ヨーロッパに求心力がある限り、ヨーロッパが拒絶することはない。ヨーロッパに敵はなく、関心を持ったパートナーが多数あるのみである」からである。

過去の拡大はそれほど議論の対象にはならなかった。一九九九年に、トルコが正式の加盟候補国となって、地理的な境界線を越えてEUを拡大するのが妥当であるかどうかの問題が、実際にはじめて提起されたのである。これについて世論はきわめて敏感に反応している。

国連によると、二〇五〇年にはトルコの人口は一億人に達すると推定されており、ヨーロッパで最も巨大な国となろう。EUの連帯政策が変化しないとすると、トルコの加盟には年間一四〇億ユーロのコストがかかると〔ドイツの〕東欧研究所は見積もっている。ヨーロッパがイスラムの台頭と南からの移民に直面している現状において、イスラム国トルコはわれわれの統合政策がヨーロッパ各地で立ち行かなくなっているのではないかとの懸念を呼び起こしている。トルコは地理的にヨーロッパに属しておらず、その加盟は、同じように道理のある別の国の加盟問題を生みだすことになる（イスラエル、モロッコ、チュニジア、中央アジア、カフカス）。さらに、トルコ自身が、依然としてきわめて民族主義的であり、当初からヨーロッパという発想の根底となってきたEUの論理を本当に受け入れるかどうかが問題である。この論理はすなわち、主権の移譲に同意すること、力関係ではなくむしろ交渉によること、加盟希望に当たっては政治的な理由を第一に置き、ある程度まで国益を超えた姿勢が求められる。それに、目下進行中の共通防衛政策についてはどうであろうか。トルコの軍人はそれを受け入れ、彼らの政策を変更するだろうか。多くの人びとはそうではないと考えており、トルコ社会の現状を考えるとそれが正しいであろう。さらに、トルコ問題は政治的にきわめて微妙である。というのは、この国の加盟はヨーロッパのアイデンティティに触れるからであり、したがって感情的なレベル、理不尽なレベルの反応を引き起こすからである。

EUが政治的な統合の領域に進もうとするときに、トルコは心情的な反応を掻き立てるおそれがある。それゆえ、すでにEUがトルコと結んだ関係や約束にかかわらず、加盟までにいたらない特恵的な関係をトルコとのあいだに保持するためのあらゆる方式を検討する必要がある。

二〇〇四年十二月に行なわれた決定は次のように念を押している。「この交渉は開始の過程にあり、前もって決着が保証されるものではない。コペンハーゲンの規準すべてを考慮しながら、もし候補国がメンバーとしての資質にかかわるすべての義務を受け入れることができない場合、当該候補国ができるだけ強固にヨーロッパの構造のなかに結びつけられるように配慮することが重要である」。これこそが「強化されたパートナーシップ」に関する外交的な巧みな言及である。この考えはトルコから拒否されるであろうが、EUのなかでは支持を広げつつある。

扉をこじ開けたエルドガン政府は、内政面でその外交成果を手に入れたいと考えている。二〇〇四年十二月、ブリュッセルEU首脳会議から帰国した彼はファンファーレと花火に包まれた。この決定は政治的な勝利としてトルコでは祝福された。しかし何も解決はされていないのである。

二〇〇四年十二月の理事会は交渉開始の条件を明確にした。アンカラ条約議定書への署名、および六つの採択された法律の発効、そのなかには新たなトルコ刑法がある。新規加盟一〇カ国と関税同盟を結び、すでにEUの一員である事実上のキプロスと島の公式政府を承認することが重要である。政府首脳はとくに厳しい「加盟の枠組み」をはめた。加盟交渉に明確な期日は設けないこと、またそれが極めて長く続く可能性があること、加盟交渉期間中にトルコが基本的人権について重大な侵害を犯した場合には、欧州委員会の独自判断、または加盟国の三分の一以上の要求に基づき加盟交渉の中断ができるようにしている。さらに、こんにちすでに、新規加盟国に対して、昔のように法律や規則だけでなく実地で示されるアキの受容が要求されている。また公式には「長期にわたる移行期間、特別な調整、セーフガード条項の設定」が検討されている。加盟国はとくに労働者の自由移動に対して相対的な措置をとることに同調しており、そのなかのある国は、トルコとの自由移動関係の樹立を希望しないことを表明している。

二〇一四年から始まるこの拡大の財政や諸機構に与える影響は、あらかじめ七年以内の枠組みのなかで調整されなければならない。加盟の道のりには多くの障害があるのは明らかである。その最初の結果として加盟に対するトルコ世論の支持の低下がある。思慮深い識者が確信することは、トルコはEUの一部にならないだろうということだ。その道はきわめて複雑であるからだ。トルコはEUの規則と精神に適合するためにはあまりにも国粋主義的である。トルコの利益は、最終的には、地域的な政治力の強さゆえに、加盟しないことにあるのだ。

わずかに開かれた扉を利用してきたトルコは、EUがその胸元に新たなメンバーを迎えるために将来突きつけるであろう条件の厳しさに苦しむことになる。トルコの複雑な影響のもとで、EUの世論は動揺している。EUは拡大政策を新たに定義しなおしているように思われる。

Ⅳ　新たな拡大政策

より確立された政治的規模が与えられる前にEUを整合性なく拡大する必要があったという明らかな事実が多くあったのだ。残念ながら、歴史はヨーロッパのリズムと一致せず、ベルリンの壁崩壊はEU加盟のうねりを巻き起こした。全体主義のくびきから開放された人々を拒否することは難しかった。トルコはそれを利用した。バルカン諸国も同様である。しかしこれらの拡大要求と欧州憲法制定のための新たな条約がその批准のために国民に提示されたという偶然の一致が、拡大政策の根本的な見直しを余儀なくさせたのである。

明らかにヨーロッパの世論はもはやついてこない。ヨーロッパの盟友たちは拡大において休止が必要と認めているのである。

今後、EUは良き近隣関係を維持したいという理由ではもはや加盟を提案しないであろう。

二〇〇三年以降、EUは近隣諸国政策の新たな考え方をまとめた。二〇〇三年三月十一日に欧州委員会によって提案され、六月の外相理事会さらに十二月の欧州理事会で承認された新たな近隣諸国政策は二〇〇四年五月の欧州委員会の戦略声明で明らかにされた。その声明が契機となって二〇〇四年十二月十六と十七日の欧州理事会により「行動計画」が採択された。

資格のある七カ国（イスラエル、ヨルダン、モロッコ、モルドバ、パレスチナ暫定自治政府、チュニジア、ウクライナ）のそれぞれが、二〇〇七年から、TACIS（独立国家共同体に対するEUの技術援助）やMEDA（EUの地中海諸国支援）に取って代わる新たな手段の恩恵をこうむることになる。その新たな手段は標準化された条件のなかでいままで以上の財政援助を可能にするものである。それぞれの国の扱いは異なるが、欧州委員会が作成する定期報告によりヨーロッパの政策をその国に適応させることができる。アルメニア、グルジアおよびアゼルバイジャンが今後すぐにそのリストにあげられるはずである。

EUは状況にしたがって、加盟せずに域内市場に参加する展望や、特恵的な交易関係、移民に関する真の協力、治安と安全、エネルギーと交通に関するより良き統合を提供する用意がある。

この新たな政策はまさに「特権的パートナーシップ」という考えに対応するものであり、トルコのケースにおいてきわめて説得力のあるものである。

事実、ヨーロッパの指導者たちは世論の反応に驚き、加盟要求に対して態度を硬化させている。クロアチアはその犠牲となった。旧ユーゴスラヴィア国際刑事裁判所との充分な協力が保証されない限り二〇〇五年三月十七日に開始する予定の交渉は延期されることになった〔十月に交渉が開始された〕。第二次セルビア戦当時、セルビア人を虐殺したクロアチア軍将軍アンテ・ゴドヴィナを裁判所へ召喚する件である。

EUの反応は驚くほど厳しいものだった。それは偶発的なものではないと考えられている。世論の圧力のもと、数カ国の政府はそれぞれの固有の拡大政策の見直しを行なっている。たとえば、フランスは欧州憲法条約批准のために必要とされた憲法改正の折に、クロアチアの加盟後は新たな拡大すべてについて国民投票で批准するように憲法に規定した。

この追加の条件はトルコに対するフランス人の杞憂を和らげ、フランス国民に選択を任せることになったが、加盟国全体で批准されるべき新たな加盟すべてに対してはさらなる障害となる。EUがヨーロッパ制度の中枢における民主的プロセスと透明性を改善するため、政治統合のなかで発展させてきた憲法を持とうとしたまさにそのとき、拡大政策を唯一の最重要政治課題とする外交政策から遠ざかることになったのである。ＥＵの政治的前進の第一の結論は、ＥＵがいままで導いてきた拡大政策の非を咎めることはもちろんであるが、透明性のなかでＥＵがその政策を定義しなおすことである。

付録——第五次拡大以降の加盟国（加盟候補国）データ

使用経済関連データは、ＥＵ統計局（ユーロスタット）とフランス経済・金融・産業省、対外経済関係局（拡大ミッション）の二〇〇四年十二月三十一日におけるデータを出典としている。

国内総生産（ＧＤＰ）は購買力平価換算で、すなわち特定商品群の消費者物価を基準として算出。二〇〇四年末の評価値である。

経済成長率はＧＤＰの増加率、財政赤字はＧＤＰの割合として示されている。外国投資については年間の流入額（フローベース）あるいは累積額（ストックベース）で示されている。

比較のための普遍的な尺度としてＥＵ中の一二カ国の通貨ユーロを使用した。

［各国の和訳政党名については共同通信『世界年鑑』二〇〇五年版にあるものはそれに準拠、また外務省ホームページも参照。政党別議席数は原書出版時（二〇〇五年五月）のままの数字である。訳者による更新は行なっていない］。

キプロス

地理——面積：九二五一平方キロメートル（この三七・二パーセントはトルコ領、一・八パーセントが緩衝地帯、三パーセントが二つの英国領軍事基地）。国境線（海岸線）：六四八キロメートル。首都：ニコシア。

人口――八〇万人（二〇〇一年十二月三十一日における住民数）（出典により異なるが、二〇～二五パーセントが北部地域人口）。構成：八五・一パーセントがギリシア系キプロス人、一一・七パーセントがトルコ系キプロス人、三・二パーセントが在住外国人。ギリシア系キプロス人の九五パーセントがギリシア正教、五パーセントがキリスト教マロン派とローマ・カトリック。トルコ系キプロス人はすべてイスラム教。人口増加率：〇・六パーセント。平均寿命：男七十六歳、女八十才。

経済――通貨：キプロス・ポンド。GDP：一三九億ユーロ。成長率：三・五パーセント（二〇〇一年は四・一パーセント、二〇〇二年は二パーセント）。一人当たりGDP：一万八二〇〇ユーロ（一五カ国平均の七五パーセント）。失業率：五・三パーセント。インフレ率：二・八パーセント。財政赤字：五・二パーセント。政府債務残高：二〇〇四年は七二・六パーセント。主要産業：サービス、金融、銀行、観光。外国直接投資：一八二〇億ユーロ。

政体と政治情勢――南部にのみ適用。国際社会から承認されていない北部のトルコ領は、独自の政体をとる。

アナン案／キプロス再統合包括的合意案：キプロスのギリシア人大統領グラフコス・クレリデスとトルコ側キプロス代表のラウフ・デンクタシュは、二〇〇二年一月に国連の仲介によりキプロス島の両地域の再統合の政治合意を得るために直接会談を行なった。二〇〇二年十一月十一日に、コフィ・アナン国連事務総長は両者に、それぞれが自治地域を統治する連邦国家として統一する和平案を提案した。両政府のあいだの合意は得られず、二〇〇三年にコフィ・アナンは直接両地域の住民投票にかけることを提案した。この構想は多くの点からみて、キプロス島のギリシア系正統政府に犠牲をしいてトルコ側住民に有利となるアンバランスなものと映っていた。二〇〇四年四月二十四日の住民投票の結果、トルコ側（北側）は賛成多数であったが（六四・九一パーセントの賛成）、キプロス側（南側）の住民は圧倒的多数で国連案に反対（七五・八三パーセントの反対）したため、その提案は否決された。ＥＵは両地域の関係改善とキプロス島の「経済的統合」を促進するための統括的な提案を行なっている。

大統領制の独立共和国：一九六〇年八月十六日憲法を現在も施行。一九六三年危機によりトルコ系キプロス人のコミュニティーが政府活動への参加をやめた結果、適用されていない規定も多い。国家元首：タソス・パパドプロス大統領、二〇〇三年二月十六日選任、任期五年、直接普通選挙による。首相は置かれていない。一院制、八〇議席（ギリシア系キプロス人向け議席五六、トルコ系キプロス人向け議席二四は空席）。議員は任期五年で比例代表制で選出される。直近の二〇〇一年五月二十七日の選挙でキプロス政権は右派から左派に交代した。共産主義政党が第一等となる。議会構成：二〇議席（労働人民進歩党（ＡＫＥＬ）、共産主義）、一九議席（民主運動党（ＤＩＳＹ）、右派）、九議席（民主党（ＤＩＫＯ）、中道右派）、四議席（社会

民主運動（KISOS））、一議席（新しい水平線（NEO）、右派）、一議席（民主連合（EDI））、一議席（中道右派（ADIK））、一議席（環境保護主義者）。次回の選挙は二〇〇六年の予定。

エストニア

地理――面積：四万五二二七平方キロメートル。国境線：六三三キロメートル（ラトヴィア三三九キロメートル、ロシア二九四キロメートル）。海岸線：三七九四キロメートル（多くの島あり）。首都：タリン。

人口――一三五・一万人。構成：六五パーセントがエストニア人、二八パーセントがロシア人。その他七パーセントがマイノリティー（ウクライナ人、フィンランド人、ベラルーシ人）。エストニア人の大多数がルター派、少数派は、ギリシア正教、ロシア正教、バプティスト派、メソジスト派、カトリック。人口増加率：マイナス一・一パーセント。平均寿命：男六十五歳、女七十六歳。

経済――通貨：エストニア・クローン。GDP：八八億ユーロ。成長率：六・二パーセント。一人当たりGDP：一万八〇〇ユーロ（一五カ国平均の四五パーセント）。失業率：九・七パーセント。インフレ率：三パーセント。財政赤字：二〇〇二年は一・二パーセント。政府債務残高：四・八パーセント。主要産業：電子機器、情報技術。外国直接投資：二〇〇四年のストックベースで六九・八六億ユーロ（三五パーセントの増加）。エストニアは外国直接投資率の最も高い国の一つである。

政体と政治情勢――共和制、議会制民主主義（一九九二年六月二十八日憲法）。国家元首：アルノルド・リューテル大統領、二〇〇一年九月二十一日選任、任期五年、再任可能・三選禁止。一〇一名の国会議員と二七三名の地方議員代表による選挙人団による選出。この選挙人団は、国会議員のみによる二回の投票において三分の二の多数で候補者を指名できなかったときにのみ形成される。首相はアンドルス・アンシプ（二〇〇五年四月十三日）。一院制、国会の議席数は一〇一議席。議員は任期四年で直接普通選挙により比例代表制で選出される。成人（十八歳以上）の永住権を持つ住人には国籍を問わずに市町村選挙の投票権がある。直近の国会議員選挙が二〇〇三年三月二日に行なわれて、二つのライバル政党が並び立った。中道党（EK）（得票率二五・四パーセント）、共和党（同二四・六パーセント）。共和党、改革党（ER）、国民同盟から構成される新連立政権が発足した。議会構成：二八議席（中道党）、二八議席（共和党）、一九議席（改革党）、一三議席（国民同盟）、七議席（祖国）、六議席（人民穏健党）。

ハンガリー

地理――面積：九万三〇三二平方キロメートル。国境線：二二三九キロメートル（オーストリア三五六キロメートル、クロアチア三二九キロメートル、ルーマニア四三二キロメートル、セルビア＝モンテネグロ一五一キロメートル、スロヴァキア六五四キロメートル、スロヴェニア一〇二キロメートル、ウクライナ二一五キロメートル）。

首都：ブタペシュト。

人口――一〇二〇万人。構成：九一パーセントがハンガリー人。約九パーセントがマイノリティー（ジプシーまたはロマ人五〇万人、ドイツ人二二万人、スロヴァキア人一一万人、クロアチア人八万人、ルーマニア人二万五〇〇〇人）。六九パーセントがカトリック、二五パーセントがプロテスタント（二一パーセントがカルヴィン派、四パーセントがルター派）、一パーセントがユダヤ教徒。人口増加率：マイナス〇・五パーセント。

平均寿命：男六十八歳、女七十六歳。

経済――通貨：フォリント。GDP：八〇九億ユーロ。成長率：三・九パーセント。一人当たりGDP：一万三七〇〇ユーロ（一五カ国平均の五六パーセント）。失業率：六・一パーセント。財政赤字：五・五パーセント。政府債務残高：五九・九パーセント。主要産業：電子機器、医薬品、自動車、農産・食料品。外国直接投資：二〇〇〇年ストックベースで一七九・四六億ユーロ（一人当たり一七九〇ユーロ）。

政体と政治情勢――共和制、議会制民主主義（一九四九年八月二十日憲法、一九八九年に改正）。国家元首：マードル・フェレンツ（次回の選挙は二〇〇五年六月）（二〇〇五年六月、国会で新大統領選が行なわれ、右派野党が推すショーヨム・ラ・スロー元憲法裁判所長官が選出され、八月五日に大統領就任。任期五年）。首相はジュルチャーニ・フェレンツ、二〇〇四年八月二十五日に解任されたメッジェシ・ベーテルの後任。政府はMSZP（社会-民主、閣僚一三人）とSZDSZ（リベラル、閣僚五人）の連立政権。一院制、国民議会議席数は三八六議席。議員は任期四年で直接普通選挙により選出。選出法は単記二回投票と比例代表制の混合で選出される。一七六議席は選挙区ごとに、二一〇議席は地方区全国区の名簿によって選出される。国会議員の選出のための最低得票率は五パーセント。直近の国会議員選挙が二〇〇二年四月に行なわれた。社会党（MSZP）と自由民主同盟（SZDSZ）による連立政権が発足。議会構成：一七八議席（社会党）、一八八議席（青年民主連盟・市民党（FIDESZ）、民主フォーラム（MDF））、一九議席（自由民主同盟）、一議席（MSZP－SZDSZ）。

ラトヴィア

地理——面積：六万四五八九平方キロメートル。国境線：一一五〇キロメートル（ベラルーシ一四一キロメートル、エストニア三三九キロメートル、リトアニア四五三キロメートル、ロシア二一七キロメートル）、海岸線：五三一キロメートル。首都：リガ。

人口——二三〇万人。構成：五八・六パーセントがラトヴィア人、二八・八パーセントがロシア人、三・九パーセントがベラルーシ人、二・六パーセントがウクライナ人、二・五パーセントがポーランド人。二五パーセントがルター派、二五パーセントがカトリック、一五パーセントが正教。人口増加率：マイナス〇・六パーセント。平均寿命：男六十五歳、女七十六歳。

経済——通貨：ラト。GDP：一二六億ユーロ。成長率：八パーセント。一人当たりGDP：一万ユーロ（一五ヵ国平均の四二パーセント）。失業率：八・六パーセント。インフレ率：六・二パーセント。財政赤字：一・六パーセント。政府債務残高：一四・七パーセント。主要産業：化学。

政体と政治情勢——共和制、議会制民主主義（一九九一年八月二十一日憲法）。国家元首：ワイラ・ヴィケ＝フレイベルガ大統領、議会により一九九九年六月十七日選出、二〇〇三年六月二十日再選、任期四年、一回の再選可。首相はインドゥリス・エムシス〔二〇〇四年十二月よりアイガルス・カルヴィーティス〕。一院制、国会議席数一〇〇議席。議員は任期四年で直接普通選挙により比例代表制で選出される。ただし国会議員選出のための最低得票率は五パーセント。直近の最後の国会議員選挙が二〇〇二年十月五日に行なわれた。連立政権は「新時代」、「ラトヴィア第一党」、「緑と農民（ZSS）」、「祖国と自由（TB／LNNK）」から構成される。二〇〇四年一月に前内閣総辞職。二〇〇四年三月始め、インドゥリス・エムシスは三党の少数派連立による内閣を樹立。その三党からの議席数は、一二議席（緑と農民、ZSS）、一四議席（ラトヴィア第一党、LPP）、二〇議席（国民党、PPあるいはラトヴィア語でTP）の四大議席。議会構成：二六議席（新時代、中道右派）、二四議席（統一ラトヴィアの人権（FHRUL）、ロシア系）、二一議席（国民党（TP））、一二議席（緑と農民）、一〇議席（ラトヴィア第一党、「聖職者の党」とあだ名される中道派政党）、七議席（祖国と自由）。

リトアニア

地理――面積：六万五三〇〇平方キロメートル。国境線：一七四七キロメートル（ベラルーシ七二四キロメートル、ラトヴィア六一〇キロメートル、ポーランド一一〇キロメートル、カリーニングラード三〇三キロメートル）。海岸線：九九キロメートル。首都：ヴィリニュス。

人口――三四二・五万人。構成：八三・五パーセントがリトアニア人、最近の調査でマイノリティーが一六・五パーセント、そのうち六・七パーセントがポーランド人、六・三パーセントがロシア人、一・二パーセントがベラルーシ人、〇・七パーセントがウクライナ人、これらにラトヴィア人、ドイツ人、タタール人が加わる。八八パーセントがローマ・カトリック。一〇パーセントが正教、〇・三パーセントがユダヤ教。人口増加率：マイナス〇・六パーセント（二〇〇〇〜二〇〇五年）。平均寿命：男六十七歳、女七十七歳。

経済――通貨：リタス。GDP：一七七億ユーロ。成長率：六・五パーセント。一人当たりGDP：一万八〇〇ユーロ（二五カ国平均の四五パーセント）。失業率：一一・四パーセント。インフレ率：一・二パーセント。財政赤字：マイナス一・九パーセント。政府債務残高：二一・四パーセント。主要産業：農業、食料品、林業。外国直接投資：ストックベースで二五・〇八億ユーロ（一人当たり七二〇ユーロ）。

政体と政治情勢――共和制、議会制民主主義（一九九二年十月二十五日憲法）。国家元首：ヴァルダス・アダムクス大統領、直接普通選挙によって、二〇〇四年六月二十七日選出、任期五年。最長連続二期可能。首相はアルギルダス・ブラザウスカス。一院制、国会議席数一四一議席。議員は任期四年で、単記・小選挙区制で七一議席、比例代表制で七〇議席が選出される混合選挙。直近の国会議員選挙が二〇〇〇年十月に行なわれた。〔二〇〇四年十月に総選挙が行なわれ、十二月十四日第二次ブラザウスカス内閣が発足した。第二版ではその議会構成は反映されていない。以下の議会構成は二〇〇四年十月以前のもの。総選挙後の議席数については共同通信『世界年鑑』二〇〇五年版を参照願いたい〕。議会構成：五一議席（LSDP：社会民主連合、民主労働党、社会民主党、新民主党、リトアニア・ロシア同盟）、三四議席（自由連盟（LLS））、二九議席（新同盟（NS／SL））、自由社会主義）、九議席（祖国同盟（TS／LK）、保守）、四議席（農民党（LVP））、二議席（ポーランド選挙行動（LLRA））、二議席（中央同盟（LCS））、二議席（キリスト教民主（LKDP））、一議席（自由同盟）、一議席（穏健保守）、一議席（キリスト教民主同盟（KDS））、一議席（近代キリスト教民主同盟）、一議席（青年リトアニア）、三議席（その他）。

マルタ

地理――面積：三一六平方キロメートル。海岸線：一三七キロメートル。首都：ヴァレッタ。

人口――四〇万人。構成：均質。カトリック。人口増加率：〇・三パーセント。平均寿命：男七十五歳、女八十一歳。

経済――通貨：マルタ・ポンド（マルタ・リラ）。GDP：四五億ユーロ。成長率：一・四パーセント。一人当たりGDP：一万六一〇〇ユーロ（二五カ国平均の六六パーセント）。失業率：六・六パーセント。インフレ率：二・六パーセント。財政赤字：五・二パーセント。政府債務残高：七三・八パーセント。主要産業：サービス、金融、銀行、観光、海運、電子機器。外国直接投資：三・二七億ユーロ。

政体と政治情勢――共和制、議会制民主主義（一九六四年憲法、一九七四年共和国発足時、および一九九四年に改正）。英国式の二大政党制。国家元首：エドワード・フェネク・アダーミ大統領、二〇〇四年四月四日議会により選出、任期五年。首相はローレンス・ゴンズィ。一院制、国会議席数　六五議席。議員は任期五年で、比例代表制直接普通選挙で選出される。直近の国会議員選挙が二〇〇三年四月十二日に行なわれた。EUへの加盟の是非を問う国民投票の一カ月後である。議会構成：三五議席（労働党（LP））、三〇議席（国民党（MLP））。

ポーランド

地理――面積：三一万二六八五平方キロメートル。国境線：二八八八キロメートル（ベラルーシ六〇五キロメートル、チェコ六五八キロメートル、ドイツ四五六キロメートル、リトアニア九一キロメートル、カリーニングラード二〇六キロメートル、スロヴァキア四四四キロメートル、ウクライナ四二八キロメートル）。海岸線：四九一キロメートル。首都：ワルシャワ。

人口――三八六〇万人。構成：九七・六パーセントがポーランド人。九五パーセントがカトリック（約七五パーセントが実践信者）、五パーセントがポーランド独立自治正教、プロテスタント、その他。人口増加率：マイナス〇・一パーセント。平均寿命：男七十歳、女七十八歳。

経済――通貨：ズゥオティ（ズロチ）。GDP：一九三〇億ユーロ。成長率：五・五パーセント。一人当たりGDP：一万六〇〇ユーロ（一五カ国平均の四三パーセント）。失業率：一九・一パーセント。インフレ率：三・五パーセント。財政赤字：四・六パーセント。政府債務残高：五一パーセント。主要産業：家具、自動車、造船、農産・食料品、製鉄。外国直接投資：ストックベースで三六七億八三〇〇万ユーロ。フランスがポーランドにおける最大投資国で一四〇億ユーロ。

政体と政治情勢――共和制、議会制民主主義（一九九七年十月十七日憲法）。国家元首：アレクサンデル・クワシニエフスキ大統領、直接普通選挙によって、二〇〇〇年十月に再選、任期五年。再任可能・三選禁止、次回の選挙は二〇〇五年六月十九日（最近の動きとして、二〇〇五年九月二十五日総選挙が行なわれ、マルチンキェヴィチ首相による内閣発足。同十月の大統領選でレフ・カチンスキが当選、十二月二十三日に就任。後記議席構成は二〇〇五年五月の原書出版時のもの。新たな議席構成については日本外務省ホームページなどを参照されたい」。

首相はマレク・ベルカ。二院制、下院議席数　四六〇議席。議員は任期四年で比例代表制、政治団体を形成し下院に入るためには最低五パーセント（連合する場合八パーセント）の得票率が必要。マイノリティー代表の枠として数議席が確保されている。上院議席数一〇〇議席、単記・小選挙区制で任期四年。上院下院議員の選挙は同時に行なわれる。直近の国会議員選挙が二〇〇一年九月二十三日に行なわれた。民主左翼連合・労働連盟（SLD－UP）とポーランド農民党（PSL）の連立政権発足。下院構成（次回選挙は二〇〇五年九月）：二一六議席（民主左翼連合－労働連盟）、六五議席（市民プラットフォーム（PO）－中道右派）、五三議席（自衛（SRP））、四四議席（法と正義（PIS）－保守）、四二議席（ポーランド農民党）、三八議席（ポーランド家族連盟）、一議席（ドイツ系マイノリティー（MN））、一議席（北シレジアのドイツ系マイノリティー）。上院構成：七五議席（社会民主同盟（SLD－UW））、一五議席（ブロック上院二〇〇一）、四議席（ポーランド農民党）、二議席（ポーランド家族連盟）、二議席（自衛）、二議席（その他の二政党HTSおよびSLK）。

チェコ

地理――面積：七万八八六六平方キロメートル。国境線：二三〇三キロメートル（オーストリア四六六キロメートル、ドイツ八一〇キロメートル、ポーランド七六二キロメートル、スロヴァキア二六五キロメートル）。首都：プラハ。

人口――一〇二一万人。そのうち七万四九六人がウクライナ人（チェコ在住外国人の二八パーセントにあたる）、六万一六八一人がスロヴァキア人（二四パーセント）、三万一五〇一人がヴェトナム人（一二パーセント）、一万七一〇二人がポーランド人（七パーセント）、一万三三九九人がロシア人（五パーセント）。三九・八パーセントが無宗教無信仰、三九・二パーセントがローマ・カトリック、四・六パーセントがプロテスタント、三パーセントが正教。人口増加率：マイナス〇・一パーセント。平均寿命：男七十二歳、女七十八歳。

経済――通貨：チェコ・コルナ。GDP：八六五億ユーロ。成長率：三・八パーセント。一人当たりGDP：一万六七〇〇ユーロ（一五カ国平均の六九パーセント）。失業率：一〇・三パーセント。インフレ率：二・八パーセント。財政赤字：三・〇パーセント。政府債務残高：三七・九パーセント。主要産業：自動車、機械、玩具、化学。外国直接投資：ストックベースで二三三・五二億ユーロ（一人当たり二二八四ユーロ）。

政体と政治情勢――共和制、議会制民主主義（一九九二年十二月十六日憲法）。国家元首：ヴァーツラフ・

クラウス大統領、直接普通選挙により、二〇〇三年二月二十八日に選出、任期五年。再任可能・三選禁止、両院合同会議によって選出。首相はイジー・パロウベク（CSSD）、二〇〇五年四月二十五日より就任。二院制、下院議席数二〇〇議席。議員は任期四年で比例代表制直接普通選挙、下院の議席獲得には最低得票率五パーセントが必要。次回の選挙は二〇〇六年六月に予定。上院議席数八一議席、六年が任期で、二年ごとに三分の一が改選。直近の上院議員改選選挙が二〇〇二年十月に行なわれた。社会民主党（CSSD）と中道右派連合との連立政権。国会構成、下院構成：七〇議席（社会民主党）、五七議席（市民民主党（ODS））、四一議席（ボヘミア・モラヴィア共産党（KSCM））、二一議席（キリスト教民主連合・チェコスロヴァキア人民党（KDU‐CSL））、一〇議席（自由連合・民主連合（US‐DEU））、一議席無所属（NEZARAZ）。上院構成：二六議席（市民民主党）、一一議席（キリスト教民主連合、チェコスロヴァキア人民党（KDU‐CSL））、一四議席（自由連合、民主連合、市民民主同盟（US‐DEU‐ODA））、六議席（社会民主党）、二議席（SNK）、二議席（ボヘミア‐モラヴィア共産党）、一九議席（その他）。

スロヴァキア

地理――面積：四万九〇三〇平方キロメートル。国境線：一六七二キロメートル（オーストリア一〇六キロメートル、チェコ二六五キロメートル、ハンガリー六五四キロメートル、ポーランド五四七キロメートル、ウクライナ九八キロメートル）。首都：ブラチスラヴァ。

人口——五四〇万人。構成：八五・七パーセントがスロヴァキア人、一〇・六パーセントがハンガリー人、一・六パーセントがロマ人〔ジプシー〕、一・一パーセントがチェコ人。六〇・三パーセントがローマ・カトリック、六・二パーセントがプロテスタント、三・二パーセントがギリシア・カトリック、三・一パーセントがユダヤ教徒。人口増加率：〇・一パーセント。平均寿命：男六十九歳、女七十七歳。

経済——通貨：スロヴァキア・コルナ。GDP：二六〇億ユーロ。成長率：五・三パーセント。一人当たりGDP：一万一五〇〇ユーロ（一五カ国平均の四七パーセント）。失業率：一三パーセント。インフレ率：七・六パーセント。財政赤字：三・九パーセント。政府債務残高：四四・五パーセント。主要産業：自動車、製鉄、化学。外国直接投資：ストックベースで二八・〇一億ユーロ（一人当たり五二一ユーロ）。

政体と政治情勢——共和制、議会制民主主義（一九九三年一月一日憲法、大統領直接普通選挙のために一九九九年に改正）。国家元首：ルドルフ・シュステル、一九九九年六月十五日に選出、任期五年（二〇〇四年六月にイヴァン・ガシュパロヴィチが就任）。首相はミクラーシュ・ズリンダ。一院制、国民議会。議席数一五〇議席。議員は任期四年で比例代表制、議席獲得に必要な最低得票率は五パーセント。議会構成：三六議席（民主スロヴァキア運動（HZDS））、二八議席（スロヴァキア民主キリスト連合（SDKU））、二五議席（道標（SMER））、二〇議席（ハンガリー人連合党（SMK）、ハンガリー人マイノリティー）、一五議席（キリスト民主運動（KDH））、一五議席（新市民連合（ANO））、一一議席（スロヴァキア共産党（KSS））。

スロヴェニア

地理――面積：二万二七三平方キロメートル。国境線：一三八二キロメートル（オーストリア三三〇キロメートル、クロアチア六七〇キロメートル、イタリア二八〇キロメートル、ハンガリー一〇二キロメートル）。海岸線：四六キロメートル。首都：リュブリャナ。

人口――二〇〇万人。構成：八七・八パーセントがスロヴェニア人、二・八パーセントがクロアチア人、二・四パーセントがセルビア人、一・四パーセントがボスニア人。過半数がローマ・カトリック。人口増加率：マイナス〇・一パーセント。平均寿命：男七十二歳、女八十歳。

経済――通貨：トラ。GDP：三二四億ユーロ。成長率：四・三パーセント。一人当たりGDP：一万七五〇〇ユーロ（一五カ国平均の七二パーセント）。失業率：一〇・八パーセント。インフレ率：三・六パーセント。財政赤字：一・九パーセント。政府債務残高：二五パーセント。主要産業：農産・食料品、家庭電化製品、医薬品。外国直接投資：ストックベースで三〇・四一億ユーロ（一人当たり一五二七ユーロ）。

政体と政治情勢――共和制、議会制民主主義（一九九一年十二月二十三日憲法）。国家元首：ヤネズ・ドルノウシェク大統領、二〇〇二年十二月一日に選出、直接普通選挙、任期五年、再任可能・三選禁止。

首相はヤネズ・ヤンシャ。二院制、下院議席数九〇議席。議員は任期四年で比例代表制直接普通選挙。上院議席数四〇議席、議員は任期五年で組合および地域代表による間接選挙。直近の選挙は二〇〇四年十月。政府は、自由民主主義党（LDS）、社会民主統一リスト（ZLSD）、人民党（SLS）、民主年金者党（DESUS）から構成される連立政権。下院構成：二九議席（スロヴェニア民主党（SDSS））、二三議席（自由民主主義党）、一〇議席（社会民主統一リスト）、九議席（新スロヴェニア・キリスト教人民党）、七議席（人民党）、六議席（国民党（SNS））、四議席（民主年金者党）、二議席（ハンガリー人およびイタリア人マイノリティー）。

比較のためのEU既存一五カ国のデータ

国土面積――三二三万九一八〇平方キロメートル。陸上国境線：六〇〇〇キロメートル。海上国境線：八五〇〇キロメートル。

人口――三億七八九九万人

経済――GDP：九・七一五兆ユーロ、ユーロ圏：七・二七四兆ユーロ。成長率：一・三パーセント（一九九九年は二・五パーセント、二〇〇〇年は三・四パーセント）。一人当たりGDP：二万四二〇〇ユーロ（一五カ国平均）。失業率：八・一パーセント。インフレ率：二・七パーセント。財政赤字：一・九パーセント。政府債務残高：六二・三パーセント。
政治制度――議会共和制：フランス、フィンランド、ギリシア、イタリア、アイルランド、ポルトガル。連邦制・議会共和制：オーストリア、ドイツ、ベルギー。議会君主制：デンマーク、スペイン、ルクセンブルク、オランダ、英国、スウェーデン。

ブルガリア

地理――面積：一〇万九一一一平方キロメートル。国境線：一八〇八キロメートル〔ギリシア四九四キロメートル、マケドニア一四八キロメートル、ルーマニア六〇八キロメートル、セルビア＝モンテネグロ三一八キロメートル、トルコ二四〇キロメートル〕。海岸線：三五四キロメートル。首都：ソフィア。
人口――七七〇万人。構成：八五パーセントがブルガリア人、一〇パーセントがトルコ人、三パーセントがロマ人〔ジプシー〕。八五パーセントが正教、一〇パーセントがイスラム教、二パーセントがカトリック。人口増加率：マイナス〇・九二パーセント。平均寿命：男六十八歳、女七十五歳。
経済――通貨：レフ／レヴァ。GDP：一九三億ユーロ。成長率：五・五パーセント。一人当たりGDP：七〇〇〇ユーロ〔一五カ国平均の二八パーセント〕。失業率：一二パーセント。インフレ率：六・二パーセント。財政赤字：〇・一パーセント。政府債務残高：四二・四パーセント。外国直接投資：ストックベースで二一・五一億ユーロ（一人当たり二七二ユーロ）。

政体と政治情勢――議会共和制（一九九一年七月十二日憲法）。国家元首：ゲオルギ・パルヴァノフ大統領、二〇〇一年十一月十八日に選出、直接普通選挙、任期五年、再任可能・三選禁止。首相はシメオン・サクス・コブルク・ゴツキ（元国王、シメオン二世）。一院制、国民議会議席数二四〇議席。議員は任期四年で比例代表制直接普通選挙。議席獲得の最低得票率四パーセント。次回の選挙は二〇〇五年六月二十五日。国民議会議員構成：九七議席（シメオン二世国民運動）、四九議席（ブルガリアのための連合（BSP）、社会党と左派との連合）、二八議席（統一民主勢力）、二〇議席（権利と自由運動）、一五議席（民主勢力同盟（UDF））、一二議席（新時代）、一一議席（国民連合）、八議席無所属。

〔二〇〇五年六月に国民議会選挙、セルゲイ・スタニシェフ首相が八月に就任。前記の国民議会議席数は原書第二版出版時（二〇〇五年五月）のもの。最新の党別議席数については、共同通信社『世界年鑑』二〇〇六年版、日本外務省ホームページなどを参照願いたい〕。

ルーマニア

地理――面積：二三万七五〇〇平方キロメートル。国境線：二九一六キロメートル（ブルガリア六〇八キロメートル、ハンガリー四三二キロメートル、モルドヴァ六八一キロメートル、ウクライナ六四九キロメートル、セルビア＝モンテネグロ五四六キロメートル）。海岸線：二三四キロメートル。首都：ブカレスト。

人口――二一七〇万人。構成：八九・四パーセントがルーマニア人、六・六パーセントがハンガリー人、二・四パーセントがロマ人〔ジプシー〕、〇・三パーセントがウクライナ人、〇・三パーセントがドイツ人、一パーセントがその他。八八パーセントが正教、六パーセントがローマ・カトリック、五パーセントがプロテスタント。人口増加率：マイナス〇・一一パーセント。平均寿命：男六十七歳、女七十五歳。

経済――通貨：レウ／レイ。GDP：五五九億ユーロ。成長率：七・二パーセント。一人当たりGDP：七一〇〇ユーロ（一五カ国平均の二九パーセント）。失業率：六・六パーセント。インフレ率：一一パーセント。財政赤字：二・〇パーセント。政府債務残高：二一・八パーセント。外国直接投資：ストックベースで五四・九六億ユーロ（一人当たり二四五ユーロ）。

政体と政治情勢――共和制、準大統領制（一九九一年十二月八日国民投票により憲法承認）。国家元首：二〇〇四年十二月二十日よりトライアン・バセスクが就任。任期四年。直接普通選挙、再任可能・三選禁止。首相は二〇〇四年十二月二十八日よりカリン・ポペスク＝タリチャーヌ首相による新内閣発足。二院制、下院議席数三四六議席、上院議席数一四〇議席。両議員とも任期四年で比例代表制直接普通選挙、一回投票制。議席獲得の最低得票率五パーセント。直近の議員選挙が二〇〇四年十一月に行なわれた。

二〇〇一年六月十六日に社会民主主義党（PDSR）はルーマニア社民党と合併し、党名を社会民主党（PSD）に変更した。政府はハンガリー人民主同盟（UDMR）から閣外協力を受けている。この二党の協力関係は二〇〇二年の一月に更新されている。二〇〇〇年十一月の選挙以来諸会派の議席数はかなり変わっている。国会構成、下院構成：一七二議席（社会民主党）、七〇議席（大ルーマニア党（PGR））、二七議席（民主党（PD））、二七議席（ハンガリー人民主同盟）、二七議席（国民自由党（PNL））、一八議席（マイノリティー）、三議席（無所属）。上院構成：六五議席（社会民主党）、三七議席（大ルーマニア党）、一三議席（民主党）、一三議席（国民自由党）、一二議席（ハンガリー人民主同盟）。

〔二〇〇四年十一月二十八日に議会・大統領選選挙を実施。大統領選は、社会民主党のナスタセ首相と、野党連合のバセスク・ブカレスト市長の一騎打ちとなったのが、第一回投票では両者とも過半数を獲得できず、十二月十二日の決戦投票でバセスク氏が当選した。前記議席配分は原書第二版には反映されていない。選挙後の議席配分については共同通信社『世界年鑑』二〇〇五年版、日本外務省ホームページなどを参照されたい〕。

クロアチア

地理――面積：五万六五四二平方キロメートル。国境線：二一九七キロメートル（ボスニア＝ヘルツェゴヴィナ九三二キロメートル、ハンガリー三二九キロメートル、セルビア＝モンテネグロ二六六キロメートル、スロヴェニア六七〇キロメートル)。海岸線：五八三五キロメートル(多数の島)。首都：ザグレブ。
人口——四五〇万人。構成：八九・六パーセントがクロアチア人、四・五パーセントがセルビア人。八七・八パーセントがカトリック、四・四パーセントが正教、一・三パーセントがイスラム教。人口増加率：マイナス〇・〇二パーセント。平均寿命：男七十才、女七十八歳。
経済——通貨：クーナ。GDP：二八八億ユーロ。成長率：三・七パーセント。一人当たりGDP：六四八〇ユーロ(一五カ国平均の二六パーセント)。失業率：一九・六パーセント。インフレ率：二・四パーセント。財政赤字：四・五パーセント。政府債務残高：五〇パーセント。有力産業：観光、土木建設、商業、銀行、化学、繊維。外国直接投資：ストックベースで八七・五〇億ユーロ(一人当たり一五八〇ユーロ)。
政体と政治情勢——議会共和制(一九九〇年十二月二十二日に憲法、二〇〇一年二月二十八日に改正)(「県院(県ごとに三人選ばれる議員で構成)」たる上院の廃止と議会制度の強化のため)。国家元首：スティエパン・メシッチ大統領、二〇〇〇年二月七日に選出、二〇〇五年一月再選。任期五年。直接普通選挙で第二回投票制、再任可能・三選禁止。首相はイヴォ・サナデル。一院制、議会議席数一五二議席、任期四年で比例代表制直接普通選挙。直近の議員選挙が二〇〇三年十一月に行なわれた。中道右派連合が勝利(クロアチア民主同盟(HDZ)、社会自由党(HSLS)、権利党(HSP)、民主センター(DC)、年金党(HSU))。国会構成：六六議席(クロアチア民主同盟)、三四議席(社会民主党(SDP))、二議席(社会自由党)、一〇議席(人民党（HNS））、一〇議席（農民党（HSS））、八議席（右翼クロアチア党（HSP））、四議席（イストリア民主会議（IDS）、地方主義政党）、三議席（年金党）、三議席（セルビア人マイノリティー（SDSS））、三議席（LIBRA）、二議席（自由党（LS））、一議席（プリモリエ・ゴーラ同盟（PGS）、地方主義政党）、一議席（民主センター）、一議席（ボスニア人マイノリティー（SDAH））、四議席（他のマイノリティー）。

構成内容からみると、左派と右派の力の割合として若干右派が優勢で投票数の四三・八一パーセント（HDZ、HSLS－DCおよびHSP）、それに対し左派は三八・七八パーセント（SDP、Libra、LS、IDS、HNSおよびHSS）。

トルコ

地理――面積：七七万九四五二平方キロメートル。国境線：二六二七キロメートル（アルメニア二六八キロメートル、アゼルバイジャン九キロメートル、ブルガリア二四〇キロメートル、グルジア二五二キロメートル、ギリシア二〇六キロメートル、イラン四九九キロメートル、イラク三三一キロメートル、シリア八二二キロメートル）。海岸線：八三三三キロメートル（多数の島）。首都：アンカラ。

人口――七二八〇万人。構成：七〇パーセントがトルコ人、二二パーセントがクルド人、三・三パーセントがバルカン諸民族（アルバニア人、ボスニア人）、二・二パーセントがチェルケス人その他のカフカス諸民族人（アゼリ人、グルジア人、ラズ人、チェチェン人）、二パーセントアラブ人およびブルガリア人（約一五万人）。八〇パーセントがイスラム教スンニ派、一六パーセントがイスラム教アレヴィー派、二パーセントがキリスト教（ギリシア正教、アルメニア正教、アッシリア東方教会系カルデイア典礼カトリック、ネストリウス派教会）。人口増加率：一・五パーセント。平均寿命：男六十八歳、女七十三歳。

経済——通貨：トルコ・リラ、二〇〇五年一月一日より新トルコ・リラとした（新一トルコ・リラは旧一〇〇万トルコ・リラ）。GDP：二一二三億ユーロ。成長率：五・八パーセント（二〇〇二年）（マイナス七・五パーセント、二〇〇一年）。一人当たりGDP：五九三〇ユーロ（一五カ国平均の二四・五パーセント）。失業率：九・五パーセント。インフレ率：九・三パーセント。財政赤字：八・八パーセント。政府債務残高：八七・四パーセント。外国直接投資：フローベースで五・六二億ユーロ。

政体と政治情勢——共和制、議会制民主主義（一九八二年十一月七日に国民投票により憲法採択、一九九五年および二〇〇一年に改正）。国家元首：アフメット・ネジデット・セゼル大統領、二〇〇〇年五月に三分の二の多数により議会により選出。任期七年で再任不可。首相はレジェップ・タイップ・エルドアン（二〇〇三年三月）。一院制、議会議席数五五〇議席、任期五年で比例代表制選挙。議席獲得の最低得票率一〇パーセント（「独立候補者」は除く）。五人の軍人と五人の文民で構成される国家安全保障会議（NSC）が国家の公安政策の方針、実施調整を決定する。毎月開かれる国家安全保障会議の勧告は閣議の議題の筆頭にあげられる。直近の総選挙が二〇〇二年十一月三日に実施され、公正発展党（ＡＫＰ）が絶対多数で単独政権を樹立した。

国会構成――三六三議席（公正発展党）、一七八議席（共和人民党（ＣＨＰ））、九議席（無所属）。

ウクライナ

地理：面積：六〇万三七〇〇平方キロメートル。国境線：ベラルーシ八九一キロメートル、ハンガリー一〇三キロメートル、モルドバ九三九キロメートル、ポーランド五二六キロメートル、ルーマニア（南部国境）一六九キロメートル、ルーマニア（西部国境）三六二キロメートル、ロシア一五七六キロメートル、スロヴァキア九七キロメートル。海岸線：九七キロメートル。首都：キエフ。

人口：四八四〇万人。構成：七七・八パーセントがウクライナ人、一七・三パーセントがロシア人。人口増加率：マイナス〇・六パーセント。平均寿命：男六十一才、女七十二才。一九パーセントがウクライナ正教、九パーセントがロシア正教、六パーセントがギリシア正教。

経済――通貨：フリヴニャ。ＧＤＰ：約二〇〇〇億ユーロ。成長率：九・四パーセント。一人当りＧＤＰ：四一五〇ユーロ（二五カ国平均の一七パーセント）。失業率：三・七パーセント。インフレ率：五・二パーセント。財政赤字：〇・一パーセント。政府債務残高：二八・七パーセント。外国直接投資：詳細不明。

政体と政治情勢――共和制、議会制民主主義（一九九六年六月二十八日国民投票により憲法承認）。国家元首：ヴィクトル・ユーシチェンコ、二〇〇四年十二月二十六日に選出、任期五年。首相はユリヤ・ティモシェンコ（二〇〇五年一月二十四日から）。〔二〇〇五年九月にユリヤ・ティモシェンコ氏は解任、後任にユーリー・エハヌーロフ氏〕。一院制、国民議会。議席数四五〇議席。議員は任期四年で直接選挙制。議会構成：一一二議席（われらのウクライナ）、一〇二議席（統一ウクライナのために）、六六議席（共産党）、二四議席（社会党）、二三議席（社会民主党）、二一議席（ティモシェンコ連合）、四議席（民主党）、三議席（統一党）、一議席（国家経済発展党）、一議席（ウクライナ海軍党）〔この議会構成数は二〇〇二年のデータと思われる。最新の議席数については共同通信社『世界年鑑』二〇〇五年版などを参照されたい〕。

訳者あとがき

本書は、Jean-Dominique Giuliani, *L'élargissement de l'Europe* （Coll. « Que sais-je? » n°3708, P.U.F., Paris, 2005）（二〇〇五年五月発行第二版）の全訳である。

当初二〇〇四年五月発行の第一版の翻訳をほぼ完了して出版の予定でいたが、第二版が出版されたため急遽変更したものである。第一版は新規加盟一〇カ国がEUに加わるまさにそのときに発行され、その後トルコのEU加盟交渉の開始決定がなされた。第二版はトルコ加盟交渉の開始決定後の出版であるが、フランスの国民投票で欧州憲法条約が否決される前であった。したがってその後の情勢の推移や展望については触れられていない。この一年間の欧州情勢の推移は、めまぐるしいものであった。

著者のジャン・ドミニック・ジュリアーニ氏は、一九五六年マルセイユ生まれの、法学士および政治学院ディプローム資格者である。上院中道派連合グループ事務局長、上院議長事務局長、パリ区議会議員などを務めた。その間、ロベール・シューマン財団を創設し、現在その総裁である。ロベール・シューマン財団はヨーロッパの協力事業と建設を推進するためのフランスの民間団体であり、若手研究者のための奨学金制度なども設けている。

原書は、フランス人からみた拡大ヨーロッパの具体的足跡と今後の展望と課題を簡潔にわかりやすくまとめたものである。どのようにヨーロッパ統合を成したいのか、一般的フランス人の目から見た考え方が示されている。またヨーロッパという概念や理念がベルリンの壁や鉄のカーテン崩壊後、大きな変貌をとげてきており、拡大ヨーロッパの創造と建設という壮大な設計作業とその実験の過程とその具体的成果を見ていくことは、今後の世界の動向や日本の進路を考えるうえでもきわめて有用な本であると思われる。とくに今後、欧州連合はトルコの加盟をどのように扱うかという大きな問題に直面する。

著者の考えがはっきりと表されていた箇所は第二版では事態の進展により削除されてしまったが、第一版の結びの部分にあった。それをここにあげておきたい。

「EU内の加盟国か、外のパートナーか」

EU加盟国になるのとは別の方式としてドイツのCDU〔キリスト教民主同盟〕の指導者たちが示唆する「特権的パートナーシップ」は、トルコの意は汲むものの、加盟は拒否してそのかわりに強力な同盟を提案するというものである。

この提案は、関税同盟協定の拡大、経済協力の強化、トルコの社会と経済の変化に向けたヨーロッパの支援の確認、軍事協定、外交共通安全保障政策の一部分野への参加、特別な政治的協力に関する固有の方式であり、トルコの国力を踏まえ、平等な立場で、EUに最も地理的に近い国として同盟を結ぶものである。ようやく発展を見たヨーロッパ地中海関係の枠組みのなかにこの同盟を位置づけることによって、トルコは卓越した役割を果たすことになろう。

特別な性格を持った特権的パートナーシップを結ぶということである。それがこの大国トルコに対してより現実的であり、EUの利益とヨーロッパ人の願いによりよく適合することは確実であろう。しかるべき時期が来たとき、各国政府は勇気を持ってトルコに対してこれが我々の関係として望むものだといえるだろうか。内側であろうが外側であろうが、確かなのは、我々の運命が、過去においてそうであったように、長期間にわたって結びつけられているということである。ヨーロッパはこの問題の扱いにおいて成熟と勇気を示し、いままでのあいまいな態度から脱しなければならないだろう。ヨーロッパはその地理的な限界とルールに踏みとどまり、それらを域内諸国が堅持するよう求めるべきであろうか。EUはトルコと緊密な関係を結んでゆきたいと願う者をどうしたらよいのか？　EUへの加盟がその国の「ヨーロッパ性」の唯一の基準なのか。こんにちのヨーロッパの現実は「そうではない」と思わせる。

有名な「強化された協力」はヨーロッパの基本ルールの一つに組み込まれた。これは一部の国が他の国に先駆けて社会的統合をさらに進める手続きである。

コンヴェンションの憲法草案はこの協力に法的基礎を与えている。この協力は共同体制度の枠内で行なわれている限りにおいて一部の国々が決定することができる。ヨーロッパの防衛に関してはこれがあてはまるだろう。EUのなかにおいても、統合レベルの異なる同心円構造が発展形成されつつある。EUは第三国と、さらには遠隔にある大陸外の国と、多くの協定を締結している。EUはトルコに対し、大国としての地位にふさわしい特別な地位を与えることができるが、しかしトルコを政治的な連合やその諸機関に統合するのを受け入れることは難しい。統合の度合がヨーロッパへの所属を決定するものではないことはますます明らかになってきている。そのかわり、EUはヨーロッパの「政治的な中核」にとどまるべきである。さもなくば、EUの性質と構想を変えなければならないであろう。

EUのすべてのルールを受け入れなければEUの加盟国にはなれない。その筆頭は地理的な条件である。もしそのルールを拒否したり、あるいはその条件を満たすことができないとき、ヨーロッパのなかにはとどまることができるが、EUのなかにあることはできない。二〇〇四年の末にはEUの加盟国はこの問題に裁定を下さなければならない。二十世紀に始まった最大の政治的構想、「欧州の統合」の将来は、その解答にかかっているのである。

このあと二〇〇四年十二月十六日と十七日のEU首脳会議において、EUはトルコがヨーロッパにあることを認め、初めてイスラム教国に扉を開こうとする歴史的な決断を行なった。

訳者が最初にヨーロッパに足を踏み入れたのは三十数年前の一九七三年、フランス政府給費留学生としてである。当時スペインやポルトガルは独裁・軍事政権下にあり、多くのスペイン人やポルトガル人がフランスに出稼ぎに来ておりアラブ人とともに3K作業に携わり、国としては二等国扱いされていた。また中東欧諸国は鉄のカーテンのはるか彼方にあり、これまた二等国以下の扱いであり、物々しく警備された国境を越える手続きにはまったくの別世界にゆくという緊張がともなったものだ。その後ドイツに駐在しているちょうどそのとき、ベルリンの壁が崩壊し、ドイツ人の熱狂を目前で眺める一方、東側から来たチェコ製の排気ガスを猛烈に排出し喘ぎ喘ぎ走る劣悪なシュコダには鼻をつまんだものである。それにひきつづきすぐ東西ドイツの統一、ソ連からの中東欧の離脱がつづいた。その後も頻繁に日本とヨーロッパのあいだを往復したが、そのときどきのヨーロッパの状況を思い出すと拡大された欧州連合のこんにちの姿に隔世の感を禁じえない。

欧州拡大の影響は、訳者の勤務する国際熱核融合実験炉（ITER）国際設計チームに対しても無縁ではない。当初の国際熱核融合実験炉（ITER）プロジェクトは日欧米露の国際協力プロジェクトであった。当初の欧州からの国際設計チームのメンバーは英国、フランス、ドイツ、イタリア、ベネルクス三国が主体であったが、加盟国が増えるにつれて、ギリシア、その後スペイン、ポルトガル、さらにはオーストリア、スウェーデン、フィンランドからのメンバーがチームに参加し、設計作業を請け負ってきている。スペイン人やポルトガル人、フィンランド人らと先端技術である核融合炉の設計作業の打ち合わせに実際に立ち会うということは訳者にとっては驚きでもあった。ITERは国際協力プロジェクトであるが、EUは拡大欧州の結束と深化の一つの象徴としてとらえている。今後、中東欧など一〇カ国からの新たなチームメンバーが増えることであろう。そしていつかトルコ人も。

二〇〇四年十一月一日からの新欧州委員会委員の布陣は以下である。二五のポストのうち七人が女性である。二五カ国欧州連合前に英国、フランス、ドイツ、イタリアの主要国は欧州委員に二人をとっていたが、拡大後は二五カ国が平等に一カ国一委員制となり主要国の影響は相対的に弱まっている。なかでもフランスは主要ポストから外れ、フランスの影響力は弱体化する可能性もある。

——委員長、ジョゼ・マヌエル・バローゾ（ポルトガル）

——副委員長、対EU機関関係・コミュニケーション戦略担当委員：マルゴット・ヴァルストレム（スウェーデン）

——副委員長、企業・産業担当委員：グンター・フェアホイゲン（ドイツ）

——副委員長、運輸担当委員：ジャック・バロ（フランス）

――副委員長、総務・監査・不正対策担当委員：シーム・カラス（エストニア）
――副委員長、法務・自由・安全担当委員：フランコ・フラッティーニ（イタリア）
――情報社会・メディア担当委員：ヴィヴィアン・レディング（ルクセンブルク）
――環境担当委員：スタブロス・ディマス（ギリシア）
――経済・金融担当委員：ホアキン・アルムニア（スペイン）
――地域政策担当委員：ダヌータ・ヒューブナー（ポーランド）
――漁業・海事担当委員：ジョー・ボルグ（マルタ）
――財政計画・予算担当委員：ダリャ・グリバウスカイテ（リトアニア）
――科学・研究担当委員：ヤネス・ポトチュニック（スロヴェニア）
――教育・訓練・文化・多言語主義担当委員：ヤーン・フィゲル（スロヴァキア）
――保健・消費者保護担当委員：マルコス・キプリアヌ（キプロス）
――拡大担当委員：オッリ・レーン（フィンランド）
――開発・人道援助担当委員：ルイ・ミシェル（ベルギー）
――エネルギー担当委員：アンドリス・ピエバルグス（ラトヴィア）
――競争政策担当委員：ネリー・クルーズ（オランダ）

――農業・農村開発担当委員：マリアン・フィッシャー・ボエル（デンマーク）
――対外関係・欧州近隣諸国政策担当委員：ベニータ・フェレロヴァルトナー（オーストリア）
――域内市場・サービス担当委員：チャーリー・マクリーヴィー（アイルランド）
――雇用・社会問題・機会均等担当委員：ヴラジミール・シュピドラ（チェコ）
――通商担当委員：ピーター・マンデルソン（英国）
――税制・関税同盟担当委員：ラースロー・コヴァーチ（ハンガリー）

なお、本文中にみられる欧州連合の機関の簡単な説明をフランス語表記とともに示しておく。

――欧州連合（l'Union européenne）：加盟国のあいだの国際条約で設立された国際機関。英語でEU、フランス語でUE。

――欧州理事会（le Conseil européen）あるいはEU首脳会議（欧州連合サミット）（le Sommet de l'Union européenne）：各加盟国の首脳で構成されるトップ会議。事務レベルや通常の閣僚理事会で打開できない案件を議論する。通称EUサミットとも呼ばれる。

――欧州連合（EU）理事会あるいは単に理事会（le Conseil de l'Union européenne, le Conseil）：各国の閣僚級代表で構成されるので閣僚理事会とも呼ばれる。政策意志決定を担う。

――欧州議会（le Parlement européen）：欧州連合の市民から選ばれた議員から構成。国会に相当する。

——欧州委員会（la Commission européenne）：行政執行を担当する機関。委員長が首相、各委員が大臣に相当する。

——欧州裁判所（la Cour de Justice européenne）：共同体の最高裁判所。判断領域は共同体の法体系の解釈に限られる。

——第一審裁判所（le tribunal de premier instance）：共同体の第一審裁判所。第一審裁判所の判決に不服の場合は欧州裁判所に控訴できる。

——欧州会計検査院（la Cour des comptes européenne）：共同体の予算と決算を点検、財務管理状況を監査する。

——欧州中央銀行（la Banque centrale européenne）：ユーロの統一金融政策の立案・執行機関。

また、関連する国際的な会議／機関についても、説明とフランス語表記を示しておく。

——欧州評議会（欧州会議）（le Conseil de l'Europe）：一九四九年に人権、民主主義、法の支配という価値観を共有する西欧一〇カ国が、その実現のために加盟国間の協調を拡大することを目的としてストラスブールに設置した国際機関。現在の加盟国数は四六カ国（トルコ、ウクライナ、ロシア、グルジア、アルメニア、アゼルバイジャンも加盟国）。

——ヨーロッパ・コンヴェンション（欧州協議会）（la Convention européenne）：欧州連合の将来像につい

て協議するために欧州将来像会議とも呼ばれ、二〇〇二年二月に設置。議長は元フランス大統領ジスカール・デスタン。二〇〇三年六月、欧州連合憲法草案を起草（欧州連合憲法草案はその後修正を重ね、二〇〇四年六月に欧州理事会で採択、今後各国の批准待ち）。

なお原書中の固有名詞、専門用語の訳出にあたっては、以下の書籍、ホームページをとくに参考にさせていただいた。

＊書籍

藤井良広『EUの知識（新版）』、日経文庫、二〇〇二年。

羽場久浘子『拡大ヨーロッパの挑戦』、中公新書、二〇〇四年。

辰巳浅嗣『EU、欧州統合の現在』、創元社、二〇〇四年。

『欧州憲法条約』（小林勝監訳・解題、細井雅夫／村田雅威訳）、御茶ノ水書房、二〇〇五年。

G・カステラン／G・ヴィダン『クロアチア』（千田善／湧口清隆訳）、白水社文庫クセジュ八二八、二〇〇〇年。

J・ル・リデー『中欧論——帝国からEUへ』（田口晃／板橋拓巳訳）、白水社文庫クセジュ八七七、二〇〇四年。

『世界年鑑』、共同通信社、二〇〇五年版。

＊ホームページ
日本外務省、駐日欧州委員会代表部、ジェトロ、国際貿易投資研究所および各国大使館。

なお最後になりますが、原書の翻訳文については、『ル・モンド・ディプロマティーク』日本語版発行人であり、国際基督教大学非常勤講師の斎藤かぐみ氏に見ていただき、貴重な御指摘や多くの示唆を頂いた。心から御礼申し上げる次第です。なお、誤訳、思い違いなどがあるとしたらそれはすべて訳者の責任であることを明記しておきます。

また、本訳書を現実のものにするためにご苦労をおかけした白水社編集部の中川すみ氏はじめ、ご尽力頂いた白水社のみなさまのご協力に深く感謝いたします。

二〇〇六年三月

訳者

参考文献

＊書籍

Avery Graham,Cameron Fraser, *The Enlargement of the European Union*, Sheffield Academic Press, 1998.

Barnavi Elie, Goosens Paul, *Les frontières de l'Europe*, De Boeck, 2001.

Boillot Jean-Joseph, *L'Union européenne élargie : un défi économique pour tous*, La Documentation française, 2003.

Deloire Philippe, *Vers l'Europe des Trente : le processus d'élargissement de l'Union européenne*, Gualino, 1998.

Doucet Didier, *L'élargissment de l'Europe : un risque pour le Sud*, L'Harmattan, 2001.

Drevet Jean-François, *L'élargissement de l'Union, jusqu'où?*, L'Harmattan, 2001.

Foucher Michel, Potel Jean-Yves, *Le continent retrouvé*, Éditions de l'Aube, 1993.

Giscard d'Estaing Valéry, *La Constitution pour l'Europe*, Albin Michel, coll. « Robert Schuman », 2003.

Giuliani Jean-Dominique, *Quinze plus Dix*. Le grand élargissement, Albin Michel, 2003.

Giuliani Jean-Dominique, *Plaidoyer pour l'élargissement et Atlas des nouveaux membres*, 2 tomes, Note de la Fondation Robert-Schuman, 2003.

Huchet Bernard, Malosse Henri, *Unifier la grande Europe*, Bruylant, 2002.

Kalniete Sandra, *En escarpins dans les neiges de Sibérie*, Éditions des Syrtes, Fondation Robert-Schuman, 2003.

La Serre Françoise de, *L'Union européenne, ouverture à l'Est*, PUF, 1994.

Lequiller Pierre, *L'Europe se lève à l'est*, Éditions du Rocher, 1994.

Réau Elizabeth du (dir.), *L'élargissement de l'Union européenne. Quels enjeux, quels défis?,* Presses de la Sorbonne-Nouvelle, 2001.

Reynié Dominique (dir.), *Les Européens en 2003*, Odile Jacob, Fondation Robert-Schuman, 2003.

Rupnik Jacques, Lequesne Christian, *L'Europe des Vingt-Cinq*, CERI-Autrement, 2004.

Schuman Robert, *Pour l'Europe*, Éd. Nagel-Briquet, 2000.（ロベール・シューマン『ヨーロッパの復興』（上原和夫／杉辺利英訳），朝日新聞社，1964年）

Wihtol de Wenden Catherine, *L'Europe des migrations*, La Documentation française, 2002.

＊公式報告書

Rapport d'information n° 773 sur l'élargissement de l'Union européenne à dix

pays candidats, par la délégation pour l'Union européenne de l'Assemblée nationale, présenté par René André, 8 avril 2003.
Rapport d'information n° 295 sur l'élargissement de l'Union européenne, état des lieux, par la délégation pour l'Union européenne du Sénat présidée par Hubert Haennel, 23 avril 2003.
Économie européenne n° 15, *Prévisions économiques pour les pays candidats*, Direction générale des Affaires économiques, Commission européenne, avril 2003.
Rapport de Wim Kok à la Commission européenne, *Élargissement de l'Union européenne, Résultats et défis*, 26 mars 2003.
L'Europe élargie. Voisinage : un nouveau cadre pour les relations avec nos voisins de l'Est et du Sud, Commission européenne, 11 mars 2003.
Croatie : *Stabilisation et association*, Commission européenne, 2003.
Les tendances des migrations internationales, Rapport OCDE, 2003.
Vers l'Union élargie, Rapport sur les progrès réalisés par chacun des pays candidats sur la voie de l'adhésion, Commission européenne, 9 octobre 2002.

＊インターネットサイト
欧州委員会のサイト http://www.europa.eu.int/
欧州議会のサイト http://www.europarl.eu.int/
フランス政府による欧州に関する報告 http://www.europe.gouv.fr/
フランス外務省のサイト http://www.diplomatie.gouv.fr
フランス経済・財務・産業省のサイト http://www.missioneco.org/me/
フランスの視点からみた最新情報と欧州研究 http://www.robert-schuman.org

訳者略歴
一九四七年生まれ。東京工業大学大学院博士課程修了、工学博士、グルノーブル大学理学博士。国内外（フランス、ベルギー等）の大学研究所及び（株）東芝原子エネルギー開発室等をへて、現在、国際熱核融合実験炉（ITER）国際設計チーム勤務。
主要訳書
『核融合エネルギー入門』（白水社文庫クセジュ八七五番）
『ロボットの新世紀』（白水社文庫クセジュ八六九番）
『洞窟探検入門』（白水社文庫クセジュ八六〇番）

拡大ヨーロッパ

二〇〇六年四月一〇日 印刷
二〇〇六年四月三〇日 発行

訳　者 © 本《ほん》多《だ》力《つとむ》
発行者 川村雅之
印刷所 株式会社 平河工業社
発行所 株式会社 白水社

東京都千代田区神田小川町三の二四
電話 営業部〇三（三二九一）七八一一
編集部〇三（三二九一）七八二一
振替 〇〇一九〇―五―三三二二八
郵便番号一〇一―〇〇五二
http://www.hakusuisha.co.jp
乱丁・落丁本は、送料小社負担にてお取り替えいたします。

製本：平河工業社

ISBN4-560-50899-2
Printed in Japan

文庫クセジュ

歴史・地理・民族(俗)学

18 フランス革命
62 ルネサンス
116 英国史
133 十字軍
160 ラテン・アメリカ史
191 ルイ十四世
202 世界の農業地理
245 ロベスピエール
297 アフリカの民族と文化
309 パリ・コミューン
338 ロシア革命
351 ヨーロッパ文明史
353 騎士道
382 海賊
412 アメリカの黒人
418～421 年表世界史
428 宗教戦争
446 東南アジアの地理
454 ローマ共和制
458 ジャンヌ・ダルク
484 宗教改革
491 アステカ文明
506 ヒトラーとナチズム
528 ジプシー
530 森林の歴史
536 アッチラとフン族
541 アメリカ合衆国の地理
557 ジンギスカン
566 ムッソリーニとファシズム
567 蛮族の侵入
568 ブラジル
574 カール五世
586 トルコ史
590 中世ヨーロッパの生活
597 ヒマラヤ
602 末期ローマ帝国
604 テンプル騎士団
610 インカ文明
615 ファシズム
629 ポルトガル史
636 メジチ家の世紀
648 マヤ文明
660 朝鮮史
664 新しい地理学
665 イスパノアメリカの征服
669 新朝鮮事情
675 フィレンツェ史
684 ガリカニスム
689 言語の地理学
705 対独協力の歴史
709 ドレーフュス事件
713 古代エジプト
719 フランスの民族学
724 バルト三国
731 スペイン史
732 フランス革命史
735 バスク人
743 スペイン内戦
747 ルーマニア史

文庫クセジュ

752 オランダ史
755 朝鮮半島を見る基礎知識
757 ラングドックの歴史
758 キケロ
760 ヨーロッパの民族学
766 ジャンヌ・ダルクの実像
767 ローマの古代都市
769 中国の外交
781 カルタゴ
782 カンボジア
790 ベルギー史
791 アイルランド
806 中世フランスの騎士
810 闘牛への招待
812 ポエニ戦争
813 ヴェルサイユの歴史
814 ハンガリー
815 メキシコ史
816 コルシカ島
819 戦時下のアルザス・ロレーヌ
823 レコンキスタの歴史
825 ヴェネツィア史
826 東南アジア史
827 スロヴェニア
828 クロアチア
831 クローヴィス
834 プランタジネット家の人びと
842 コモロ諸島
853 パリの歴史
856 インディヘニスモ
857 アルジェリア近現代史
858 ガンジーの実像
859 アレクサンドロス大王
861 多文化主義とは何か
864 百年戦争
865 ヴァイマル共和国
870 ビザンツ帝国史
871 ナポレオンの生涯
872 アウグストゥスの世紀
876 悪魔の文化史
877 中欧論
879 ジョージ王朝時代のイギリス
882 聖王ルイの世紀
883 皇帝ユスティニアヌス

文庫クセジュ

哲学・心理学・宗教

文庫クセジュ

文庫クセジュ

社会科学

318 ふらんすエチケット集
357 売春の社会学
396 性関係の歴史
457 図書館
483 社会学の方法
616 中国人の生活
654 女性の権利
693 国際人道法
695 人種差別
715 スポーツの経済学
717 第三世界
725 イギリス人の生活
737 EC市場統合
740 フェミニズムの世界史
744 社会学の言語
746 労働法
786 ジャーナリストの倫理
787 象徴系の政治学
792 社会学の基本用語
796 死刑制度の歴史
824 トクヴィル
837 福祉国家
845 ヨーロッパの超特急
847 エスニシティの社会学